Heiner Müller

rororo

rowohlts monographien
begründet von Kurt Kusenberg
herausgegeben von Wolfgang Müller
und Uwe Naumann

Heiner Müller

Dargestellt von Jan-Christoph Hauschild

Rowohlt Taschenbuch Verlag

Umschlagvorderseite: Heiner Müller, 1991
Umschlagrückseite: Pola Kinski, Doris Schade und Hans-Michael Rehberg in Heiner Müllers «Die Schlacht», Deutsches Schauspielhaus/Malersaal 1975 (Regie: Ernst Wendt)
Sowjetischer Panzer am Potsdamer Platz in Berlin am 17. Juni 1953

Seite 3: Heiner Müller, 1986
Seite 7: Heiner Müller, 1995

Originalausgabe
Veröffentlicht im Rowohlt Taschenbuch Verlag GmbH, Reinbek bei Hamburg, Januar 2000

Umschlaggestaltung Ivar Bläsi
Redaktionsassistenz Karolin Marhencke
Reihentypographie Daniel Sauthoff
Layout Gabriele Boekholt
Satz PE Proforma *und* Foundry Sans *PostScript, QuarkXPress 4.04*
Gesamtherstellung Clausen & Bosse, Leck
Printed in Germany
ISBN 3 499 50572 X

INHALT

Einleitung

«Dunkel genossen ist der Weltraum / sehr dunkel»

Der meistfotografierte deutschsprachige Gegenwartsautor war ein Mann von scheinlosem Äußeren: eine kleine, schlanke Gestalt in Bluejeans und schlichtem Blazer, schwarz oder dunkelgrau; schwarzgerandet auch das Brillengestell; am linken Handgelenk die nach unten gedrehte Uhr. Im Gespräch stets freundlich, höflich und bescheiden; die Stimme leise und ausdruckslos. Zwischen den Sätzen ein kurzes Räuspern, zwei, drei Züge an der Zigarre, ein Nippen am Whiskyglas, den unverzichtbaren Requisiten seines Einmann-Theaters, mit dem er seit den späten achtziger Jahren durch die Nachtprogramme des Fernsehens geisterte. Die Medienöffentlichkeit war es, die Heiner Müller in seinen letzten Lebensjahren zu seiner eigentlichen Bühne machte, um auch hier sein Image als Finsternisexperte zu kultivieren, als Erschütterer, dessen Phantasie mit Formulierungen von unnachahmlicher Prägnanz auch leergelaufene Diskurse in Schwung brachte. Seine Gedanken zu Raum und Zeit mochten noch so vage und vorläufig sein, im Rauch seiner Zigarre, im Dunst seines Whiskys erhielten sie plötzlich Präzision und Tiefe. Nach mehr als 30 Theaterstücken und über 200 Gedichten brauchte er nicht mehr zu schreiben, seine Präsenz in der Öffentlichkeit genügte: Das Interview ersetzte das große Gegenwartsstück, der Aphorismus trat an die Stelle des Dialogs – der Dichter als Welterklärer, der jede Äußerung in sarkastische Pointen und kryptische Bonmots einhüllte. Insbesondere in der Vor- und Nachwendezeit war der Mann mit dem Dutzendnamen und dem endlosen Gedächtnis für unheimliche Anekdoten und böse Witze ein gefragter Gesprächs- und Interviewpartner, der die Kulturmagazine der Republik mit Schlagfertigkeit und dunkler Rede erfüllte. Es war seine letzte Metamorphose nach so vielen zuvor: vom Hilfsbibliothekar zum Journalisten, vom Journalisten zum Dramatiker, vom Dramatiker zum literarischen Gelegenheitsarbeiter (dazwischen lag der Rausschmiß aus dem Schriftstellerverband), schließlich Autor, Dramaturg und Regisseur. Am Ende war er alles gleichzeitig: Stückeschreiber, Lyriker, Essayist, Akademiepräsident, Intendant, Haus- und Gastregisseur und vor allem eben Interviewkünstler, als der er nach der Wiedervereinigung zum Übervater für ratlos gewordene Intellektuelle avancierte.

In den Widersprüchen war er zu Hause, ihre künstlerische Versöhnung war ihm, dem Dialektiker, wesensfremd. Er hatte Geschichte nie harmonisch erfahren, daher war er an der Herstellung von Harmonie nicht interessiert. Die Energien seiner Kunst schöpfte er aus der Entzweiung der Dinge. Dennoch hielt Müller, notorischer Katastrophenliebhaber und Untergangsprophet, mit bemerkenswerter Beharrlichkeit an seiner Utopie einer sozialistischen Gesellschaft fest, auch wenn er seine Zuversicht mit ungeheuren Zweifeln artikulierte. Schwarze Skepsis war sein Metier – Skepsis gegenüber dem fortschrittverheißenden Geschichtsoptimismus der Parteistrategen. Er sah seine Aufgabe nicht darin, politische Übereinstimmung zu demonstrieren. Was er unter Sozialismus verstand, glaubte er besser begriffen zu haben als die Leute, die sich Sozialisten nannten. In einem auf Mangel, Angst und Scheinheiligkeit gebauten Staat war seine Ehrlichkeit eine Provokation. Sein «fauliges Verhältnis zur Macht»[1], wie Thomas Brasch es nannte, bestand darin, daß er stillschweigend seine Privilegien nutzte und genoß und sich in der Öffentlichkeit niemals illoyal gegenüber seinem Staat verhielt. Der Protest fand in seinen Stücken statt, da sorgte er für Unruhe.

Geschichte war Müllers Grundthema, Ideologie sein Material. Als Autor wollte er Vermittler sein zwischen den Anforderungen des Tages und einem zukünftigen Gesellschaftsentwurf. Historische Erfahrungen dabei anwendbar zu machen für die Gegenwart war ein Hauptgedanke seiner Arbeit. Als Stückeschreiber hatte er keine Antworten parat. Er zeigte nicht die Lösungen der Konflikte, sondern das Entstehen neuer, trug sie in das Publikum, das aufgefordert war, *den Kampf zwischen Altem und Neuem* zu entscheiden.[2]

Der Standort war sein Kapital: Als Mauerspringer, *mit je einem Bein auf den zwei Seiten der Mauer*[3], war er zugleich Opfer wie Nutznießer einer paradoxen Situation: Obgleich in der DDR vor 1986 kaum gespielt, konnte er hier – bei niedrigen Lebenshaltungskosten – aufgrund seiner Weltgeltung durchaus vom Schreiben leben. Im Westen, das wußte er, würde er vom Markt verschluckt werden. Er sei *lieber verboten, aber ernst genommen, als unbehindert, aber wirkungslos,* sagte er 1988 dem «Spiegel». So blieb er eine deutsch-deutsche Doppelexistenz, die über den beiden politischen Systemen schwebte und sich einer immer größeren Freiheit erfreuen konnte. 1987 war er mit fast 300 Aufführungen in Ost- und Westdeutschland der meistgespielte deutschsprachige Dramatiker. Seitdem allerdings sind die Zahlen fast ebenso rapide, wie sie anstiegen, zurückgegangen: von 235 im Jahr 1990 auf 143 im Jahr 1994.

Der sang- und klanglose Untergang der DDR traf Müller härter, als er öffentlich zugab. Weil er es versäumte, sich rechtzeitig vom Auslaufmodell des real existierenden Sozialismus zu verabschieden und seinem Staat den Rücken zu kehren, zu dem er bis zuletzt kritische Solidarität bewahrt hatte, machte man ihm nach dem Fall der Mauer den Vorwurf, er habe den SED-Oberen willfährig gedient. Mit Süffisanz konnte man auf seine Irrtümer verweisen, darunter etwa der Glaube von 1976, *die ökonomischen und sozialen Fragen* in der DDR seien *im großen und ganzen gelöst*[4], oder die These von 1987, die DDR habe keine andere Möglichkeit, wenn sie nach vorn gehen wolle, als (unter den veränderten Bedingungen) zurückzukehren zu den Lehren von Marx und Lenin.[5] Aber ohne diesen Glauben hätte er nicht schreiben können.

Bis vor wenigen Jahren verschwand der Privatmensch Heiner Müller – ein erstaunliches Amalgam aus sozialdemokratischem Elternhaus, halbproletarischem Kneipenmilieu, gehobener gymnasialer Bildung, avantgardistischer Privatlektüre und parteilicher Schulung – fast völlig hinter einem hermetisch erscheinenden Œuvre. Erst in seinen letzten Lebensjahren wurde die karge Standardvita des Autors ausformuliert; insbesondere durch seine Autobiographie *Krieg ohne Schlacht*. Dabei sind Müllers politische Haltung und ein erheblicher Teil seines Werks ohne den biographischen Hintergrund kaum adäquat nachzuvollziehen. Erst die Kenntnis der Lebensgeschichte macht Müllers Aussage verständlich, wonach er *immer ein Objekt von Geschichte gewesen* sei, das versuche, ein *Subjekt zu werden*; dies sei sein *Hauptinteresse als Schriftsteller*.[6] In diesem Buch wird der Versuch einer ersten Annäherung unternommen.

Die Herkunft

Kindheit in Sachsen 1929 – 1938

Die Grundierung der Biographie ist, wie so oft, provinziell. Seiner sächsischen Heimat ist der Erzgebirgler Heiner Müller stets verbunden geblieben, ihren Dialekt hat er bis zuletzt nicht abgelegt. Sozial ist Müller erheblich determiniert: Seine Vorfahren sind durchweg Bauern, Handwerker und Arbeiter. Zur Zeit von Müllers Geburt ist Sachsen das am stärksten industrialisierte Land des Deutschen Reichs: Um 1930 sind fast zwei Drittel der arbeitenden Bevölkerung in Handwerk und Industrie tätig. Die Urgroßeltern mütterlicherseits kommen aus dem Erzgebirge, väterlicherseits aus der Gegend von Chemnitz. Die Stadt am gleichnamigen Fluß mit ca. 330 000 Einwohnern ist von der Großindustrie geprägt. Zu der traditionellen Textilindustrie, zunächst im Verlagssystem, das heißt als Heimarbeit, gesellt sich inzwischen der Maschinenbau.

Die wirtschaftliche Lage zu Beginn der zwanziger Jahre wird bestimmt von den Folgen des verlorenen Kriegs, der beginnenden Inflation und sozialen Rückschritten. Nach der Währungsreform von 1923/24 geht es wirtschaftlich aufwärts. In die beginnende Hochkonjunktur platzt die Weltwirtschaftskrise von 1929; es herrscht Massenarbeitslosigkeit. Die wirtschaftliche Katastrophe begünstigt antirepublikanische Tendenzen: Die Septemberwahlen 1930 machen die NSDAP zur zweit-, die KPD zur drittstärksten Fraktion im Reichstag.

Die Eltern, der Verwaltungssekretär Kurt Müller und die Fabrikarbeiterin Ella Ruhland, lernen sich in dem Industriedorf Eppendorf kennen, einer Kleinstadt von etwa 5000 Einwohnern mit Eisenbahnanschluß, 20 Kilometer östlich von Chemnitz. Das Stadtbild ist von rauchenden Schornsteinen geprägt; es gibt Textilfabriken, holzverarbeitende Industrie und zahlreiche Handwerksbetriebe.

Eppendorf / Sachsen, um 1930. Kolorierte Fotopostkarte

Ella Ruhland (1905–1994) kommt aus einem sozialdemokratisch gefärbten Elternhaus. Armut ist eine ihrer Grunderfahrungen. Mit vierzehn Jahren tritt sie der Sozialistischen Arbeiterjugend (SAJ) bei, mit achtzehn wird sie Mitglied der SPD. Ihre Mutter Ernestine geb. Gläser (1873–1947), Müllers Eppendorfer Großmutter, stammt aus einer wohlhabenden Bauernfamilie; ihr Vater, der Schustergeselle Bruno Ruhland (1869–1946), arbeitet in einer Eppendorfer Schuhfabrik.

Heiner Müllers Vater Kurt Müller (1903–1977) ist Sohn des Werkmeisters Max Müller (1880–1965) und seiner Frau Anna Maria (1877–1964) aus Bräunsdorf, einem winzigen Dorf fünfzehn Kilometer westlich von Chemnitz. Großvater Müller, Meister in einer Textilfabrik im Nachbarort, ist ein hochspezialisierter Arbeiter, stolz auf sein eigenes Haus mit einem kleinen Nutzgarten, das er kurz nach der Jahrhundertwende gekauft hat: ein altes Bauernwohnhaus mit der Nummer 87 (heute Dorfstraße 19), in dem zeitweilig achtzehn Personen leben. In seiner Freizeit spielt Max Schach und leitet das Vereinsturnen in Bräunsdorf. Die Müllers, so die jüngste Tochter Gerta Vogel, seien alle «große Leseratten»[7] gewesen. «Vater konnte auch gut erzählen, oft waren es Spukgeschichten.»[8]

Die Großmutter Anna geb. Suttner ist im Alter von fünfzehn Jahren aus der Oberpfalz nach München und von dort durch die Stellenvermittlung nach Sachsen gekommen. Aus allerdürftigsten Verhältnissen stammend, soll sie ausgesprochen kunstsinnig gewesen sein. «Sie las auch gerne und konnte viele Balladen von Schiller und Uhland auswendig.»[9] Müllers Cousin Hans-Jochen Vogel charakterisiert sie als «vital, expressiv, emotional ohne Sentimentalität, mit einem ausgeprägten Sinn für Gerechtigkeit»[10]. Bis 1919 bringt sie insgesamt zehn Kinder zur Welt, von denen sie drei im Zweiten Weltkrieg verliert. Kurt ist der zweitälteste Sohn.

Die Müllers sind deutschnational, aber keine Nazis. Hitler ist für den Großvater ein «hergelaufener Österreicher»[11]. Hans, Werner und Felix, zu Beginn der dreißiger Jahre arbeitslose Facharbeiter in der Textil- und Metallindustrie, setzen auf Hitler, die beiden Älteren treten der NSDAP bei. Mit dem Auf-

Die Bräunsdorfer Großmutter Anna Müller
mit ihren acht Kindern

schwung nach 1933 finden sie wieder Beschäftigung. Allerdings erfolgt die Wirtschaftsbelebung ausschließlich auf Kosten der Arbeitnehmer und Konsumenten; ein erheblicher Teil davon dient der Vorbereitung der Rüstungsplanwirtschaft.

Heiners Vater Kurt Müller besucht von 1910 bis 1918 die Volksschule. Weil er dort durch Intelligenz und Lerneifer auffällt, fängt er anschließend als «Schreiberlehrling» bei der Gemeindeverwaltung in Bräunsdorf an. 1922/23 ist er als Beamtenanwärter in der Stadtverwaltung im benachbarten Limbach tätig, anschließend wird er als Verwaltungssekretär nach Eppendorf versetzt. 1925 legt er die 1. Verwaltungsprüfung bei der Gemeindelehranstalt Dresden ab. Auch politisch geht er einen anderen Weg als seine jüngeren Brüder. Ausgerechnet er, der nicht Arbeiter geworden ist, engagiert sich politisch konsequent bei den Arbeiterparteien und den mit ihnen verbundenen Organisationen. Sachsen ist neben Thüringen freilich eine traditionelle Hochburg der Linken, SPD und KPD kommen hier bis 1930 zusammen immer auf mindestens 50 Prozent der Wählerstimmen. 1923, im Jahr des sozialdemokratisch-kommunistischen Kabinetts Zeigner, das durch den Einmarsch der Reichswehr gestürzt wird, tritt Kurt der SPD bei, im Jahr darauf wird er Mitglied des neugegründeten «Reichsbanner», des schwarzrotgoldenen Kampfverbands der SPD, der die Auseinandersetzung mit den Geg-

«1929, im Januar. Das war der schlimmste Winter, den es eigentlich je gegeben hat. Der Schnee, das krachte nur so. Kurt und ich wohnten noch bei meinen Eltern. Da hatten wir eine kleine Wohnstube und ein Schlafzimmer. Meine Mutter hat geheizt. Früh eingeheizt, den ganzen Tag, die ganze Nacht. So eine furchtbare Kälte. Und der Heiner wollte nicht kommen. Es ging früh um acht los und bis abends um neun. Immer noch nicht, der wollte nicht auf die Welt. Und ich hab gejammert und gejammert, ach, der wollte nicht und ich wollte sterben. Die Hebamme hat mich angebrüllt, ich soll mich schämen und froh sein, daß ich ein Kind kriege. Ich hab mich dann geschämt, aber der wollte nicht und die Schmerzen und alles. Dann, abends um zehn, neuneinhalb Pfund. Meine Güte! Ich war doch klein und zierlich!»

(Ella Müller, Erinnerungen der Mutter. Erzählt in Schöneiche und im Wald von Rahnsdorf, aufgezeichnet und zusammengestellt von Thomas Heise; In: Storch 1988, 247–259)

nern der Republik auf der Straße und in Versammlungen sucht. In Eppendorf ist er Vorsitzender der SPD-Ortsgruppe und des Kleinbezirks Flöha. Das Interesse am Vereinssport verbindet Vater und Sohn, doch auch hier verlaufen politische Trennlinien. Für Max Müller ist Turnvater Jahn, der stramme Chauvinist, eine Leitfigur; Kurt ist dagegen von 1923 bis zur Gleichschaltung 1933 Mitglied im Arbeiter-Turn- und Sportbund. In seiner Eppendorfer Zeit ist er auch Mitglied im Arbeiterschachbund.

Kurt Müller und Ella Ruhland heiraten am 11. August 1928. Am 9. Januar 1929 abends gegen zehn Uhr wird ihr erstes Kind geboren, Reimund *Heiner* Müller. Daß Kurt schon ein illegitimes Kind hat, wird den Schwiegereltern, bei denen die junge Familie Unterkunft findet, verschwiegen. Die Wohnung im Erdgeschoß des Hauses Freiberger Straße 61 besteht aus einer Wohnküche, einem Schlafzimmer und einer kleinen Stube, die hauptsächlich mit Kurt Müllers Büchern gefüllt ist. In den ver-

Heiner Müllers Geburtshaus in Eppendorf, 1998

bleibenden zwei Zimmern leben die Großeltern Ruhland. Die räumliche Enge rückt das Kind in den Mittelpunkt der Familie; Eltern und Großeltern beschäftigen sich intensiv mit ihm. Die Großeltern erzählen Spukgeschichten vom «Männel», einem dienstbaren Hausgeist, der Wunder vollbringen kann, zum eigenen Nutzen wie zum Schaden des bösen Nachbarn; die Eltern erzählen Märchen und immer wieder die Ballade von den Königskindern: «Aber der Königssohn, der durfte nicht sterben. Und wenn man das wieder erzählt hat, dann mußte man so tun, als ob der eben irgendwie ... Nein, der durfte nicht sterben.» [12] Dennoch kann das Kind weder zu seiner Mutter noch zu einer der beiden Großmütter ein engeres Verhältnis entwickeln.

Nach seiner allerersten Erinnerung befragt, erzählt Müller von einem Gang auf den Friedhof mit Großmutter Ruhland: *Da stand ein Denkmal für Gefallene des Ersten Weltkriegs, aus Porphyr, eine gewaltige Figur, eine Mutter. Für mich verband sich das Kriegerdenkmal jahrelang mit einem lila Mutterbild, mit Angst besetzt, auch vor der Großmutter vielleicht, die mich über den Friedhof führte.* [13] Das Denkmal steht heute noch, ein Kriegsopfermahnmal mit der Inschrift «Stark wie der Tod», das 1923 errichtet worden war. Es zeigt einen stilisierten Krieger im Moment der tödlichen Verwundung, sein Schurz mag das Kind an die mütterliche Schürze erinnert haben.

Heiner Müller soll ein zartes Kind gewesen sein. Drastischer formuliert es seine nur zehn Jahre ältere Tante Gerta: «Er war ein Weichling. Es scheint mir, als habe Heiner später immer gegen seine Weichheit angekämpft.» [14]

Der heraufziehende Faschismus macht auch vor Sachsen, wo die SPD, teils mit wechselnden Koalitionspartnern, seit 1919 ununterbrochen die Regierung gestellt hat, nicht halt. Die Attraktivität der SPD sinkt; im Juli 1932 wird sie erstmals von der NSDAP deutlich überrundet. Im Oktober 1931 etabliert sich eine neue Partei, die Sozialistische Arbeiterpartei (SAP). In ihr sammeln sich unterschiedliche sozialistische Strömungen, die sich weder von der Politik der SPD noch von der KPD eine Lösung der drängenden Wirtschafts- und Sozialprobleme erhoffen. Die SAP sucht einen dritten Weg zu beschreiten: Sie steht hinter Marx' Forderung nach der Diktatur des Proletariats, lehnt aber eine Unterwerfung unter die sowjetische Parteilinie ab. In Eppendorf hat sie bald eine ihrer stärksten Ortsgruppen, Kurt Müller wird ihr Ortsgruppenvorsitzender.

Nach der Ernennung Hitlers zum Reichskanzler am 30. Januar 1933 steigert sich der Terror der Nationalsozialisten gegen die Arbeiterorganisationen von Woche zu Woche. Am 31. Januar besetzen SA-Leute das Eppendorfer Rathaus und hissen die Hakenkreuzfahne. Aktive KPD-, SAP- und SPD-Mitglieder werden aufs Rathaus beordert, verhört, einige auch geschlagen. Am 5. März finden in Deutschland letztmalig Reichstagswahlen statt, zu denen mehrere Parteien zugelassen sind. Als im Radio Hitlers Wahlsieg verkündet wird, organisiert die Eppendorfer SAP eine Protestdemonstration. Noch am gleichen Abend erfolgen die ersten Festnahmen. Fünf führende Funktionäre der KPD-Ortsgruppe werden in ihren Wohnungen verhaftet, über Nacht im Rathauskeller interniert und am nächsten Morgen ins Polizeipräsidium nach Chemnitz überführt. Im gesamten Deutschen Reich übernimmt binnen weniger Tage die NSDAP die Staatsmacht: Morgens früh 5 Uhr werden sämtliche öffentlichen Gebäude besetzt, die Polizeigewalt von der SA übernommen und, wie auch noch in den folgenden Tagen, Tausende von politischen Gegnern verhaftet. In Eppendorf werden im Morgengrauen des 9. März fünfzehn Funktionäre der Arbeiterparteien unter dem Verdacht staatsfeindlicher Betätigung in sogenannte Schutzhaft genommen, darunter auch Kurt Müller.

Bei dem vierjährigen Heiner löst die Verhaftung seines Vaters, die er fast fünf Jahrzehnte später als *die erste Szene meines Theaters* bezeichnet[15], in doppelter Hinsicht einen «Grundschock» aus: als erste und prägende Erfahrung mit staatlicher Gewalt und als Erlebnis einer unüberwindbaren Schuld. Wurde der Sohn durch die Entscheidung, sich schlafend zu stellen, zum Verräter, so besteht die Schuld des Vaters in seiner Unterlegenheit. Im Text *Der Vater*, geschrieben 1958, schildert Müller den Vorgang aus seiner damaligen Perspektive, wobei sich eigene Erinnerungen und spätere Erzählungen der Eltern wohl überlagern.[16]

«Ich wachte auf, der Himmel vor dem Fenster schwarz, Lärm von Stimmen und Schritten. Nebenan wurden Bücher auf den Boden geworfen. Ich hörte die Stimme meines Vaters, heller als die fremden Stimmen. Ich stieg aus dem Bett und ging zur Tür. Durch den Türspalt sah ich, wie ein Mann meinem Vater ins Gesicht schlug. Frierend, die Decke bis zum Kinn hochgezogen, lag ich im Bett, als die Tür zu meinem Zimmer aufging. In der Tür stand mein Vater, hinter ihm die Fremden, groß, in braunen Uniformen. Sie waren zu dritt. Einer hielt mit der Hand die Tür auf. Mein Vater hatte das Licht im Rücken, ich konnte sein Gesicht nicht sehn. Ich hörte ihn leise meinen Namen rufen. Ich antwortete nicht und lag ganz still. Dann sagte mein Vater: Er schläft. Die Tür wurde geschlossen. Ich hörte, wie sie ihn wegführten, dann den kurzen Schritt meiner Mutter, die allein zurückkam.»
(«Der Vater»; W2, 79)

Am 17. März wird Kurt Müller zusammen mit zehn weiteren Eppendorfer Genossen nach Plaue (heute zu Flöha gehörig) gebracht, wo die SA die Turnhalle des Arbeiter-Turn- und Sportbundes an der Jahnstraße zu einem provisorischen Sammellager umgestaltet hat. Die meisten Verhafteten werden beim Empfang «fürchterlich geschlagen, da sie durch ein Spalier von SS-Leuten gehen mußten, die sie mit ihren Gummiknüppeln bearbeiteten»[17].

Als Angehörige eines «Verbrechers» sind Ella und Heiner Müller in Eppendorf weitgehend isoliert. In seiner Autobiographie hat Müller darauf hingewiesen, daß *diese Erfahrung eine wichtige Voraussetzung* war *für vieles Spätere. Immer war ich isoliert, von der Außenwelt getrennt durch mindestens eine Sichtblende.*[18] Und in einer unveröffentlichten Passage heißt es: *Bei mir [gibt es sicher] eine Unfähigkeit zur Solidarität – mal ganz scharf formuliert. Die ist natürlich auch erfahrungsbedingt. Ich will es nicht entschuldigen, aber das ist einfach da. Wenn du in einer Meute aufwächst, zu der du nicht gehörst, ist es schwer, Solidarität zu lernen. Ich meine, es war eine feindliche Meute. Als Fremdkörper erfährt man keine Solidarität, und man ist auch nicht bereit, welche aufzubauen. In der Kindheit fängt sowas ja an, das ist das Entscheidende.* Sein Berufswunsch zu dieser Zeit sei *General* gewesen: *Das war die Reaktion auf diese Situation.*[19]

Ende Mai/Anfang Juni 1933 wird das Lager Plaue geschlossen. Die Inhaftierten werden 15 km weiter in das Lager Sachsenburg verlegt, das erste große sächsische Konzentrationslager. Es entspricht noch nicht dem Typus, wie ihn die von der SS geführten KZs darstellen: Es gibt keinen Stacheldraht, keine Häftlingskleidung, die Gefangenen sind nicht zum Tod durch Arbeit verurteilt. Dennoch sorgt die Lagerleitung für Terror, es gibt Strafbunker und Folterzellen. Leiter ist SA-Standartenführer Erich Hähnel aus Zschopau, bei dem Kurt Müller auf der Schreibstube arbeitet.

Kurz vor Weihnachten 1933 wird Kurt Müller unter der Voraussetzung, daß er nicht wieder nach Eppendorf zurückkehrt, aus dem Lager Sachsenburg entlassen. Als Beamter ist er

Mit einer der Cousinen in Bräunsdorf, 1933/34

für den nationalsozialistischen Staat nicht mehr tragbar. Daraufhin verlegt er seinen Wohnsitz zu seinen Eltern nach Bräunsdorf, wohin ihm seine Frau mit Heiner schon vorangegangen ist. «Eines Tages», erinnert sich Gerta Vogel, «hieß es: ‹Der Kurt kommt heim.› Und alle mußten eben zusammenrücken.»[20] «Für Heiner muß es aber eine totale Umstellung gewesen sein. Er war hier nicht mehr der Mittelpunkt.»[21] Ein Jahr später finden die Müllers gegenüber der Schule, Dorfstraße 38, eine eigene kleine Wohnung.

In Bräunsdorf besucht Heiner Müller ab 1935 die Volksschule. Klassenkameraden erinnern sich an ein «zurückhaltendes, nachdenkliches» Kind, das «im Umgang mit seinen Schulfreunden eher schweigsam war und fast mädchenhafte Züge an den Tag legte». Er habe Streitereien vermieden und sei Prügeleien, wie sie auch vorkamen, «regelrecht aus dem Weg» gegangen. Auffällig gewesen sei der «fast schon übertriebene Sinn für Reinlichkeit», die Vermeidung von Verschmutzungen.[22]

Entlassen in die Arbeitslosigkeit, schlägt sich der Vater mit Gelegenheitsarbeiten durch. 1934/35 verdingt er sich als Aushilfsarbeiter bei der Gemeindeverwaltung Bräunsdorf; nachdem ihm auch das untersagt wird, berät er seine Mitbürger bei Behördenproblemen, wofür er etwas Geld oder Lebensmittel zugesteckt bekommt. Seine Frau arbeitet in einer nahegelegenen Fabrik als Näherin. Im November 1935 beginnt eine längere Phase der Arbeitslosigkeit des Vaters. Weil er *über alles* mit ihm spricht und *den ganzen Tag* für ihn Zeit hat[23], kann Heiner diesem Zustand eine angenehme Seite abgewinnen.

1936 findet Kurt Müller für kurze Zeit eine Beschäftigung beim Autobahnbau. Allerdings geht das nicht ohne Konsequenzen für die Vater-Sohn-Beziehung ab. Alles beginnt mit einem Schulaufsatz zum Thema: «Die Straßen des Führers»; die beste Hausarbeit soll prämiert werden. Erst erklärt der Vater dem Sohn, die Prämie sei unwichtig. Dann ändert er seine Meinung plötzlich und hilft dem Sohn, den Aufsatz zu schreiben, diktiert ihm sogar den Schlußsatz: *Es ist gut, daß der Führer die Autobahnen baut, dann bekommt vielleicht auch mein Vater wieder Arbeit, der so lange feiern mußte.* Die Intervention des Vaters hat zur Folge, daß der Aufsatz prämiert wird und Kurt Müller die Arbeit bekommt, aber sein Sohn erlebt die Prämie als Schande. Das opportunistische Verhalten des Vaters löst bei ihm einen *Verratsschock* aus, prägt sich ihm als irritierende Verliererhaltung ein, auch als Ermunterung, sich dem Stärkeren

Ella und Heiner Müller, um 1938

zu beugen.[24] Den Meinungswechsel des Vaters nachzuvollziehen, gelingt ihm nicht; er ist vielmehr gezwungen, das politische Ideal, das der Vater bisher verkörpert und bewahrt hat, für das er sogar inhaftiert worden ist, von ihm abzulösen und gegen ihn selbst zu verteidigen. Daraus entwickelt sich die erste Störung in der Beziehung.

Im Juni 1938 findet der Vater bei der Landkrankenkasse in Waren (Müritz) endlich eine dauerhafte Anstellung.

Jugend in Mecklenburg 1938 – 1947

Im Sommer 1938 zieht die Familie von Sachsen nach Mecklenburg. Waren zählt 1939 15 000 Einwohner. Die einstige Ackerbürgerstadt hat sich in den letzten Jahren zu einem Tourismuszentrum entwickelt. Mit seiner idyllischen Lage zwischen drei Seen ist es Urlaubs- und Erholungsort für ganz Mecklenburg und darüber hinaus. Für die Familie Müller ist Waren zunächst eine Art Exil. In der Schule wird Heiner wie ein *Ausländer* behandelt. Sein Haß auf die Gemeinschaft, die ihn ausschließt, ist *grenzenlos*[25]. Obgleich auf den Dörfern des Landkreises vielerorts Mangel herrscht, ist die Infrastruktur in der Stadt weitaus entwickelter als im rückständigen Erzgebirge; die Ausgrenzung durch Armut empfindet Müller deshalb in Waren besonders stark.

Zunächst wohnen die Müllers in einer winzigen Wohnung in einem Haus neben der Krankenkasse in der Moltkestraße; später ziehen sie in die Weinbergstraße 3a, 1. Stock. In Waren besucht Heiner Müller vom Herbst 1938 bis Frühjahr 1939 die Volks-, ab Ostern 1939 dann die Staatliche Mittelschule. Er ist in allen Fächern überdurchschnittlich gut; am besten aber ist er in Deutsch. «Er schrieb besonders gute Auf-

Waren (Müritz). Blick vom Tiefwarensee, um 1939

Als Volksschüler in Waren, Ende März 1939.
Heiner Müller in der ersten Reihe, 3. v. l.

sätze, die unsere Lehrerin dann der gesamten Klasse vorlas», erinnert sich der Klassenkamerad Gerhard Haase. «Er sprach sächsisch, das war ein bißchen seltsam für uns.»[26]

1940 wird der Vater «wegen heimtückischer Angriffe auf Volk und Staat»[27] von der Gestapo erneut in Haft genommen: Anläßlich des Nichtangriffspakts zwischen Deutschland und der Sowjetunion hat er auf der Arbeit aus «Mein Kampf» Hitlers Ansichten über den Bolschewismus vorgelesen und ist von einem Kollegen denunziert worden. Wieder gibt es eine Haussuchung, wieder wird die häusliche Bibliothek dezimiert. Aber der Vater kann sich herausreden, das Verfahren wird eingestellt. Nach drei Wochen im Amtsgerichtsgefängnis Waren, die dem Sohn wie Jahre erscheinen, kommt Kurt Müller frei.

Ostern 1941 wechselt Heiner Müller auf die Oberschule am Tiefwarensee in der Güstrower Straße, die er seiner guten Zensuren wegen kostenlos besucht. Im 5. Schuljahr wird dann die Mitgliedschaft im Deutschen Jungvolk, der Untergruppe der Hitlerjugend, zur Voraussetzung gemacht. Die Zwangs-Mitgliedschaft berührt ihn nur wenig; darüber hinaus engagiert er sich nicht. Von seiner Mutter erhält er Rückendeckung.

Mit den Eltern in Waren, um 1940

Der Stil des Oberschülers ist durch Frühreife und Altklugheit gekennzeichnet; Ergebnis einer ausufernden Lektüre. Schon als Kind in Sachsen hat Müller viel und wild durcheinander gelesen: Abenteuerromane, Schmöker, aber auch anspruchsvolle Literatur mit sozialer und demokratischer Grundfärbung. Als Jugendlicher in Mecklenburg sind es Karl May und Friedrich von Gagern, die ihn nachhaltig beeindrucken. Von Gagern, gesteht er Martin Wuttke und Carl Hegemann ein halbes Jahr vor seinem Tod, «sei der Schriftsteller, der ihn am tiefsten geprägt habe, sozusagen sein Lieblingsvorbild. Dessen Texte seien ein Schlüssel zu der von ihm gebrauchten Sprache, seine Themen bei von Gagern alle enthalten. Ganze Passagen aus dem ‹Marterpfahl› konnte Müller auswendig vortragen.»[28] Aus der anschließenden Lyrik-Phase bleiben ihm noch bis ins Alter Storm- und Eichendorff-Verse im Gedächtnis. Später nehmen ihn besonders Rilke und Poe gefangen. Und seit er von Schiller und Hebbel sämtliche Dramen gelesen hat, will er Stücke schreiben. Etwa 1942 liest er Ernst Jüngers «Auf den Marmorklippen», für ihn und seinen Vater ein geheimes Widerstandsbuch. In der Schulbibliothek entdeckt der Dreizehnjährige eine kommentierte englische Ausgabe von «Hamlet», die er sich, gegen den Rat seines Lehrers, ausleiht; mit fünfzehn beeindruckt ihn Dostojewskijs «Raskolnikow».

In Waren wird am 18. August 1941 Wolfgang Müller geboren, das zweite Kind des Ehepaars. Ende März 1943 erhält Kurt Müller seinen Einberufungsbefehl. Jetzt – wie auch später noch für längere Zeit – wird Heiner für seinen Bruder Wolfgang zum Vaterersatz.

Zum Ende des Jahres 1944 wird die Oberschule geschlossen, die Schüler der oberen Klassen erhalten ihre Einberufung zum Arbeitsdienst und zum Volkssturm. Müller kommt in ein Ausbildungslager des Reichsarbeitsdienstes in den Dünen bei Wismar. *Es dauerte auch nicht sehr lange, ein paar Wochen. Dann waren die Russen schon in Mecklenburg.*[29] Ende April wird das Lager aufgelöst; begleitet von fernen Detonationen fliehen Ausbilder und Rekruten vor der anrückenden Roten Armee nach Westen. Am 8. Mai 1945 kapituliert das Oberkommando der deutschen Wehrmacht; zur selben Zeit erreicht der Trupp Schwerin in der amerikanischen Zone, wo Müller für kurze Zeit in Kriegsgefangenschaft gerät. Von dort kann er sich zusammen mit zwei anderen Jungen nach Waren durchschlagen. Die Erlebnisse und Geschichten von damals liefern ihm, ebenso wie die Erfahrungen der unmittelbaren Nachkriegszeit in Mecklenburg und Sachsen, Material für seine literarischen Arbeiten, für frühe Prosatexte wie für Szenen aus *Die Schlacht* und ganz zuletzt noch für *Germania 3 Gespenster am toten Mann.* Die Sowjetsoldaten erlebt Müller sowohl als Befreier wie als Besatzer; dennoch löst das Ende der NS-Diktatur, die sein Leben bis dahin geprägt und beeinträchtigt hat, ein euphorisches Glücksgefühl aus: Rückblickend erscheinen ihm die Jahre bis 1947 als eine kurze Zeit der Freiheit.

Am 8. Juni 1945 wird Kurt Müller aus der Kriegsgefangenschaft entlassen. Unmittelbar nach seiner Rückkehr nimmt er seine politischen Aktivitäten wieder auf, läßt sich am 1. Juli zum Ortsgruppen- und Kreisvorsitzenden der SPD wählen. Als Antifaschist wird er ein halbes Jahr später von der sowjetischen Militärverwaltung zum Leiter der Hauptverwaltung im Landratsamt ernannt. Auch sein Sohn tritt der SPD bei. Weil das Gymnasium noch auf Monate geschlossen bleibt, wird Heiner Müller beim Landratsamt angestellt: Zusammen mit einem ehemaligen Lehrer des Gymnasiums ist er für die Überprüfung der Büchereien des Landkreises zuständig. *Wir säuberten die Bibliotheken von Naziliteratur, auch die der Gutsherren. Diese Tätigkeit war die Grundlage meiner eigenen Bibliothek. Ich habe geklaut wie ein Rabe. Das war eine schöne Zeit. Ich habe Bücher geklaut, gelesen und einfach sehr viel kennengelernt.*[30]

Danach wird Müller Mitarbeiter bei der Behörde für Bodenreform und auf diese Weise im Herbst 1945 Zeuge der entschädigungslosen Enteignung des Großgrundbesitzes (über 100 Hektar) in der Sowjetischen Besatzungszone zugunsten von landarmen Bauern, Agrarproletariat und Umsiedlern. 1946 geht er dann wieder aufs Gymnasium, wo das gleichaltrige Flüchtlingskind Klausjürgen Wussow, der spätere Schauspieler, zu seinen Mitschülern gehört. Unter den Klassenkameraden gilt Heiner, der bereits Bücher über Psychologie, Psychiatrie und Psychoanalyse gelesen hat, als Experte für Sexualfragen. Mit der Lektüre von Freuds «Traumdeutung» erwacht sein Interesse an Träumen, fremden wie eigenen, das ihn zeitlebens nicht verlassen wird.

Im Frühjahr 1946 wird in der Sowjetischen Besatzungszone die Vereinigung von SPD und KPD vorbereitet; am 22. April findet in Berlin der Vereinigungsparteitag statt. Die Sozialistische Einheitspartei Deutschlands (SED) wird konstituiert. Kurt Müller gehört zu den Vereinigungsgegnern und macht daraus anfangs auch keinen Hehl. Die russische Besatzungsmacht sorgt mit erpresserischen Methoden schließlich dafür, daß sich Kurt Müller auf einer Kreisversammlung der SPD *feurig* für die Vereinigung ausspricht.[31] Daraufhin wird er am 1. Mai 1946 zum SED-Kreis- und Ortsgruppenvorsitzenden von Waren gekürt. Nach SPD und SAP beginnt nun Kurt Müllers dritte Parteikarriere: Im Anschluß an den Besuch der Kreisparteischule Waren, an der er dann auch selbst unterrichtet, wird er 1947 in den Landesvorstand der SED Mecklenburg berufen und am 1. September 1947 auf dem Parteitag in Schwerin zum Landessekretär für Kultur und Universitäten gewählt. Sein Mecklenburger Parteiamt tritt Kurt Müller nicht mehr an. Statt dessen folgt er einem Angebot seiner sächsischen Freunde, die ihn zum Bürgermeister von Frankenberg machen wollen.

Rückkehr nach Sachsen

Frankenberg 1947 – 1951 Im November 1947 zieht die Familie Müller nach Frankenberg im Bezirk Chemnitz, das industrielle Zentrum am Südrand des mittelsächsischen Hügellands. Hier gibt es Spinnereien, Teppich- und Seidenwebereien, Zigarrenfabriken, holz- und metallverarbeitende Betriebe, Färbereien und Bleichereien, fast ausschließlich Leichtindustrie, mit selten mehr als 100 Beschäftigten. Am 1. November 1947 wird Kurt Müller durch das Landratsamt Flöha zum Bürgermeister berufen, der fünfte bereits nach Kriegsende. Die Wohnung der Familie Müller befindet sich zunächst in der Ernst-Thälmann-Straße 6, dann Freiberger Straße 14, wo bis Sommer 1948 die russische Stadtkommandantur, danach die Volkspolizei untergebracht ist.

In Frankenberg geht Heiner Müller wieder auf die Oberschule. Er kommt in die 12. Klasse, wo er den von nur sieben Mitschülern gewählten sprachlichen Zweig be-

Der Marktplatz in Frankenberg mit dem Rathaus, 1951

legt, was bedeutet, daß er zusätzlich Latein- und einige weitere Englischstunden erhält. Sein bester Freund ist der ein Jahr jüngere, aus Hainichen stammende Herbert Richter, der nach dem Abitur zum Psychologiestudium nach Berlin geht, wo Müller ihn wiedertrifft. Müller ist ein guter Schüler, nur in Mathematik muß ihm sein Klassenkamerad Paul Lange hin und wieder die Aufgaben lösen. Glänzend sind seine Leistungen im Fach Deutsch. Zum Lehrer, Studienrat Willi («Gaule») Ackermann, hat er ein engeres Verhältnis. Häufig kommt es im Unterricht zur Zwiesprache der beiden, während der Rest der Klasse gelangweilt auf das Pausenzeichen wartet.

Ackermann fördert Müllers Begabung, versorgt ihn mit Literatur, ermuntert ihn sogar, eine Novelle zu schreiben, denn *das wäre der beste Start* als Schriftsteller.[32] Ackermann ist es auch, der Müller als Texter für eine *Schulkantate* vorschlägt, die, mit der Musik von Fritz Grabner, einem Junglehrer, der die bald kreisberühmten Frankenberger Kinder- und Jugendchöre leitet, zur Schuljahresfeier am 23. Juli 1950 im Stadtpark durch Chor und Orchester der Oberschule zur Aufführung gelangt. Aufbaupathos und ein an Johannes R. Becher angelehnter Duktus sind hier eine FDJ-gemäße Verbindung eingegangen. Der Schluß lautet: *Denn nah ist die Zeit, die bessere Zeit, / Und unser das Leben, unser die Welt. / Und frei wird der Mensch, und blühen die Welt. // In den Wind hebt die Fahnen, / Vorwärts, das Friedensaufgebot. / Denn wir sind Partisanen, Partisanen gegen Not und Tod. // Jede Nacht hat ein Ende, je-*

Studienrat Ackermann unter dem Porträt von Karl Marx, um 1950

der Tag fängt mit dem Morgen an. // Nimm dein Herz in die Hände / Vorwärts, junger Friedenspartisan! // […] Und die Sonne ist da für dich und mich – / Seid bereit! 33

Im Zusammenhang der gemeinsamen Arbeit an der *Schulkantate* werden Fritz Grabner von Müller zwei weitere Texte aus seiner Feder zur Vertonung überlassen, ein *Bananensong* und ein Gedicht ohne Titel, für das offenkundig Brechts «Aufbaulied der F. D. J.» von 1948 Pate stand: *Wozu sind die Trümmer da? / Dass wir bessre Häuser baun. / Und was soll der morsche Zaun – / Deutsche hier und Deutsche da? // Schlagt die Trommel! Schluss gemacht! / Aus der große Ausverkauf! / Und den Vorhang, reisst ihn auf / Und den Wolf, der ihn bewacht, // Jagt ihn, Freunde, s'ist nicht schad / Um den Wolf und sein Getier. / Freie Deutsche Jugend wir / Baun den Freien Deutschen Staat. // Von Vietnam bis Leningrad / Steht das junge Kollektiv / Ist der Globus noch so schief / Jugend Jugend macht ihn grad. // Aus der Jammer! Klagt nicht, schlagt, / Was euch schlägt! Verdammt, wer klagt! / Und die Welt fährt aus der Haut / Und wird neu. Der Morgen graut.* 34

Müllers Förderer, Studienrat Ackermann, hat an der Schule außerdem eine Theatergruppe ins Leben gerufen. In der 12. Klasse steht Kleists «Zerbrochner Krug» auf dem Programm; Regie führt «Hainer Müller» – so der Programmzettel. Das Stück wird im Winter 1947 / 48 mehrmals gespielt. Paul Lange erin-

Volkssolidarität
Werbewoche vom 4. bis 11. April 1948

Der Ortsausschuß Frankenberg veranstaltet am Montag, 5. April 1948, 19.30 Uhr, im „Kaisersaal"
eine Theater-Veranstaltung

Der zerbrochene Krug

von H. v. Kleist

Mitwirkende: Schüler und Schülerinnen der Oberschule Frankenberg

Personen:

Dorfrichter Adam	Herr Geißler
Gerichtsrat Walter	Herr Helbig
Schreiber Licht	Herr Bohlsen
Frau Marthe Rull	Frl. Klinger
Eve, deren Tochter	Frl. Ulbricht
Veit Tümpel, ein Bauer	Herr Lange
Rupprecht, dessen Sohn	Herr Köhler
Margarethe, eine Magd	Frl. Streuber
Liese, eine Magd / Frau Brigitte	Frl. Roßberg
Ein Bedienter / Ein Büttel	Herr Guckland

Regie: Herr Hainer Müller — Musikalische Darbietungen ausgeführt von Mitgliedern des D.F.D.

Eintrittspreis RM 2.00

Volkssolidarität Ortsausschuß Frankenberg

Theaterzettel zur Schüleraufführung von Kleists Lustspiel

Die Theatergruppe des Frankenberger Gymnasiums auf dem Tourneelastwagen, um 1949

nert sich an Aufführungen im Volkshaus und im Kaisersaal in Frankenberg, im Gasthof «Linde» in Dittersbach und im Gasthof Niedermühlbach; als Tourneefahrzeug dient ein offener Lastwagen. «Wir spielten grundsätzlich für Abendessen. Das Eintrittsgeld wurde der Volkssolidarität gespendet, und wir bekamen ein ordentliches Abendbrot.»[35]

Als Sohn des Bürgermeisters genießt Heiner Müller auf der Schule eine gewisse Sonderstellung. Auch sein leicht abweichendes Verhalten macht ihn zu einem auffälligen Schüler. Nach persönlichen Erinnerungen befragt, fallen bei den ehemaligen Mitschülern und -schülerinnen häufig die gleichen Stichworte. Paul Lange erinnert sich: «Heiner war ein verschlossener, in sich gekehrter Typ, ein Außenseiter schon deshalb, weil er ein ganz gutes Deutsch sprach, nach seinen Jahren in Mecklenburg kaum sächselte. Er sah älter aus mit seiner hohen Stirn.»[36] «Er pflegte weder Freund- noch Kameradschaften und war ein bißchen ein Außenseiter», meint Norbert Mischok, der zwei Jahre nach Müller Abitur gemacht hat. «Ein ‹Lumich›, wie man in Sachsen sagt, 'n bißchen gammlig. Er hat so viel geraucht, daß er deswegen schon damals gesundheitliche Probleme bekam.»[37] «Als recht spitz, recht spöttisch» hat ihn Siegfried Birkner in Erinnerung, der mit ihm 1947/48 bei Beratungen der im März 1946 gegründeten Ortsgruppenleitung der Freien Deutschen Jugend (FDJ) zusammengetroffen ist. «Er ließ nicht über sich bestimmen.»[38]

Am 14. Juli 1948 legt Müller sein Abitur ab. Bei der Abschlußfeier stellt er den Eltern seine Freundin vor, die drei Jahre jüngere Rosemarie Fritzsche. Sie erzählt heute: «Heiner habe ich 1948 auf der Oberschule kennengelernt. Vielleicht war es sein selbstsicheres Auftreten, das mir imponiert hat. Er fühlte sich auch als junger Mensch immer den anderen überlegen. Dabei war er eigentlich sehr unsicher. Im Sommer 1950 haben wir uns verlobt, im Beisein von seinen Eltern und meiner Mutter, da war ich Achtzehn. Im Herbst kam ich auf die Fachschule für Krankenpflege in Leipzig, wo ich einen Ausbildungsplatz am Klinikum fand. Ich hatte gehört, daß man auch ohne Abitur, mit einer ‹Großen Krankenpflege›-Ausbildung, einen Studienplatz in Medizin bekommen konnte. Trotzdem haben wir uns noch oft in Frankenberg gesehen. Er besuchte mich auch in Leipzig.»[39]

Nach dem Abitur ist Heiner Müller kurz arbeitslos. Sein einziger Arbeitseinsatz in der Produktion dauert vier Wochen und beschränkt sich auf das Entrosten von Drehbänken. Außerdem wird er zum «Literaturobmann» und «Agitprop-Referent» des SED-Bezirks gewählt, als der er politische Broschüren verkaufen soll: *Meistens habe ich sie selbst gekauft und weggeworfen.*[40] Seine Parteimitgliedschaft erlischt einige Jahre später in Berlin, als er *wegen Unauffindbarkeit* aus der Liste *gestrichen* wird.[41]

Zwischen 1949 und 1951 arbeitet Müller in der Stadtbücherei Frankenberg als Hilfsbibliothekar. Seine Arbeit besteht hauptsächlich darin, die vielgelesenen Bücher zu säubern, sie für die nächste Ausleihe wieder instand zu setzen. Martha Görner, Jahrgang 1918, kommt 1950 als Leiterin an die

Stadtbücherei. Für sie ist Heiner Müller eines von mehreren «Bücherkindern»: So werden die Schüler genannt, die in der Bücherei für ein paar Pfennige Hilfsdienste verrichten. Sehr eifrig sei er nicht gewesen; meist habe er in seiner Arbeitsecke gesessen und gelesen, Romane von Dostojewskij zum Beispiel («Die Brüder Karamasow», «Die Dämonen», «Der Idiot»). Auch «Winter» von Friedrich Griese habe ihn interessiert. «Er bevorzugte düstere, abgründige Sachen mit pessimistischer Grundhaltung, Weltuntergangsstimmung. Manchmal kamen abends Bekannte von ihm, dann wurde debattiert.»[42]

Kurt Müller ist Bürgermeister in schwieriger Zeit. Als habituell linker Sozialdemokrat gerät er im Amt zunehmend unter Beschuß. Insbesondere der russische Stadtkommandant drangsaliert ihn, weil Kurt Müller Enteignungen zu verhindern sucht. Davon erfährt Heiner allerdings kaum etwas, weil er sich mit dem Vater in der Beurteilung der SED-Politik nicht einig ist und infolgedessen darüber nicht gesprochen wird: *Ich hatte eine rachsüchtige, linkssektiererische Einstellung zu dem Ganzen*, weil da *gegen Leute Gewalt ausgeübt wurde, die ich nicht ausstehen konnte, gegen die ich vielleicht auch ein Vorurteil hatte.*[43]

Im Oktober 1950 treiben die Spannungen zwischen dem Bürgermeister und seiner Partei einem Höhepunkt zu. Die Volkswahlen fallen nicht zur Zufriedenheit der sowjetischen Behörden aus. Es ist klar, daß Kurt Müller nach Ablauf der Legislaturperiode von der SED nicht mehr als Bürgermeisterkandidat aufgestellt werden wird. Zum 31. Dezember 1950 scheidet er aus dem Bürgermeisteramt. Wenige Wochen später setzt er sich nach Westberlin ab, um von dort aus weiter nach Reutlingen zu gehen. Seine Frau, so ist abgemacht, soll ihm mit den beiden Söhnen wenige Wochen später folgen.

Daß Heiner sich weigert, mit in den Westen zu gehen, hat für seine Mutter im nachhinein einen sehr persönlichen Grund, den sie zu diesem Zeitpunkt noch nicht kennt: Seine Freundin ist von ihm schwanger. Rosemarie Fritzsche betont, daß Müller keineswegs ihretwegen in der DDR geblieben sei: «Heiner wollte in diesem Staat, im Sozialismus bleiben.»[44] Tatsächlich ist Müller der Meinung, was jetzt in der DDR geschehe, sei wichtig und müsse von ihm beschrieben werden. Anders als sein Vater kann er sich mit der neuen Ordnung identifizieren, zumal er sie bis zuletzt für entwicklungsfähig

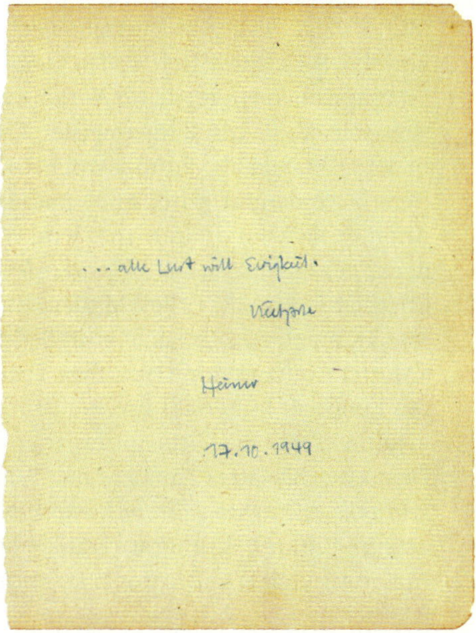

... alle Lust will Ewigkeit.
Nietzsche
Heiner
17.10.1949

Albumblatt für Rosemarie Fritzsche, 17. Oktober 1949

hält; anders als jüngere Autoren sieht er die Wirklichkeit der DDR immer mit Bezug auf den Vorgängerstaat, bekennt sich als Dichter zu diesem Einverständnis mit dem System, in Haß und in Liebe, was man nicht als blinde Parteilichkeit mißverstehen sollte. *Ein Beweis für die Überlegenheit des Systems war die bessere Literatur, Brecht, Seghers, Scholochow, Majakowski. Ich habe nie daran gedacht, wegzugehen.*[45]

Im April/Mai 1951 flieht Ella Müller mit dem neunjährigen Wolfgang über die thüringische Grenze nach Westdeutschland. Ihren Sohn Heiner haben die Müllers erst 1956 wiedergesehen. Zu einer regelmäßigen Korrespondenz kann er sich nicht durchringen: Es sind die Eltern, die durch Briefe, Päckchen und Besuche in Berlin den Kontakt aufrechterhalten.

Lektüren und erste schriftstellerische Versuche

An interessanten russischen Neuerscheinungen herrscht in der Sowjetischen Besatzungszone anfangs kein Mangel. Heiner Müller liest, was gerade erschienen ist, Scholochow, Majakowskij, Serafimowitsch, Fadejew. Solange zwischen den Besatzungszonen ein regulärer Austausch praktiziert wird, kann sich sein Vater als Bürgermeister Literatur beschaffen, die in der DDR bald als «formalistisch», «dekadent» und «volksfremd» verdammt wird: Eliot und Hemingway, Sartre und Anouilh, Kafka und Jahnn. 1947 wird William Faulkners «Wendemarke» zur *großen und schockierenden Leseerfahrung* der Nachkriegsjahre.[46] 1948/49 liest Müller erstmals Brecht, der ihn von nun an prägt; 1950 besucht er in Berlin eine Aufführung von «Mutter Courage» am Deutschen Theater. Einen noch stärkeren Eindruck hinterläßt Brechts Inszenierung des Lenzschen «Hofmeisters», die Mitte April 1950 an den Kammerspielen des Deutschen Theaters Premiere hat: Seitdem gibt es für Müller *kein anderes Ziel mehr, als zum Berliner Ensemble gehören und da zu arbeiten*[47]. Eine Bekannte aus Frankenberg erinnert sich an eine Äußerung vom Frühjahr 1952: *Ich möchte da sein, wo der Meister ist.*[48]

Mit dem am 22. Oktober 1948 endgültig nach Deutschland zurückgekehrten Brecht hat sich Müller allerdings einen literarischen Vater gesucht, der sich nur mit großen Schwierigkeiten gegen die Parteistrategen zu behaupten vermag: Anfang 1949 wird der Kritikerstreit um das epische Theater vom Zaun gebrochen; Brechts Stücke «Die Mutter» und «Das Verhör des Lukullus» gelten als Beispiele für Formalismus in der Kunst.

Ebenso wichtig wie Brecht als Dramatiker ist Anna Seghers als Prosaautorin für Müller: Neben seinen eigenen Erfahrungen der unmittelbaren Nachkriegszeit stellen ihre Romane und Erzählungen ein Stoffreservoir für künftige Arbeiten dar, etwa «Der Traktorist» und «Die Umsiedlerin» (1950), «Das Licht auf dem Galgen» (1961) und «Das Duell» aus der Sammlung «Die Kraft der Schwachen» (1965).

Müllers erste literarische Versuche sind Gedichte, sie reichen bis in sein zehntes Lebensjahr zurück. Dann gelangt er, ausgehend von einer Reclam-Anthologie, auf die *Balladenstrecke*[49]. *Rolands Tod* und *Die Hunnenschlacht* sind Titel, an die er sich 1954 noch erinnert.[50] 1945 schreibt er eine längere Novelle. *Das war die Geschichte von einem Mann, der aus dem KZ zurückkommt und seine Familie ist verstreut und seine Frau hat einen anderen – eine der üblichen Heimkehrergeschichten. Und er sucht den, der ihn da reingebracht hat und so.*[51] Danach entsteht ein Epos in Hexametern, *Der jüngste Tag*. Ab 1948 schreibt er, beeindruckt vor allem von Heine, Majakowskij, Benn und Brecht, wieder Gedichte. Im Freundeskreis ist er als Lyriker bekannt.

Bereits die poetischen Anfänge Müllers lassen Grundthemen seines literarischen Werks erkennen. Manche Gedichte erweisen sich als Kern eines Dramenprojekts. Wenn er sich mit einem vorgegebenen Stoff beschäftigt, macht er immer wieder neue Ansätze, was zu Entwürfen, Kommentaren, Seitenstücken führt und wobei er häufig das Genre wechselt.

1947 beteiligt sich Müller mit dem Hörspiel *Die Morgendämmerung löst die Ungeheuer auf* an einem Wettbewerb des Berliner Rundfunks. Die Jury bescheinigt ihm *dramaturgische Begabung*[52]. Danach gewinnt ihn der Leiter der Frankenberger Sektion des Kulturbunds zur demokratischen Erneuerung Deutschlands als Mitglied und schlägt ihm vor, sich für einen von der Freien Deutschen Jugend im März 1949 veranstalteten zweiwöchigen zentralen Lehrgang junger Kulturschaffender zu bewerben. Voraussetzung für eine Einladung ist «die Einsendung eines Manuskripts bzw. einer Schreibprobe»[53]. Als Tagungsort dient ein Schloß in Radebeul bei Dresden, in dem die Landesjugendschule Sachsen der FDJ untergebracht ist. Zu den Referenten gehören Anna Seghers, Stephan Hermlin, Ludwig Renn und Victor Klemperer, Hans Mayer und der Bundessekretär des Kulturbunds, Klaus Gysi, nachmals Minister für Kultur. Diskutiert werden Fragen des Realismus, die Beziehung zum kulturellen Erbe, politische Probleme der Gegenwart. Von Frank Hörnigk nach Heiner Müllers «Beitrag zum Gelingen des Lehrgangs» befragt, erinnern sich mehrere der damaligen Teilnehmer «1. an sein vehementes Plädoyer für Ferdinand Bruckners Drama ‹Die Verbrecher› und 2. die Angewohnheit, an jedem Morgen jeden danach zu befragen, was er geträumt hätte»[54].

Müllers Interesse am Drama hat sich früh entwickelt. Sein erstes Stück handelt von einem jungen Mann, der seine Freundin schwängert und aus Scham und Angst den eigenen Vater umbringt. Der Hintergrund ist autobiographisch, das *traumatische Erlebnis mit einer Schwangerschaft*[55]. Das nächste, Fragment gebliebene Stück mit dem Titel *Napoleon*, ist *ein Heimkehrerdrama im Stil von Georg Kaiser. Ein Mann kommt aus dem Krieg. Bevor er Soldat wurde, hatte er eine Kneipe. Nun kommt er zurück, und die Frau treibt es mit dem Kellner, und der Kellner heißt Napoleon.*[56] Ein anderes Stück mit dem Titel *Der Heimkehrer* wird, wohl 1949/50, von einer Agitprop-Laienspielgruppe der FDJ in Frankenberg aufgeführt. Es folgt ein Stück *frei nach Sartre, über einen KZ-Kommandanten, der im Jenseits eine Jüdin wiedertrifft, die er im KZ hat umbringen lassen. Und die beiden verlieben sich ineinander.*[57] Schließlich ein Drama über die geistige Verfassung der Jugend nach dem Krieg im Stil von Ferdinand Bruckner: *Der Böse zitiert Ernst Jünger, der Gute will den Sozialismus aufbaun, aber der Böse zieht den Guten in den Abgrund.*[58] Sämtliche Stücke, wozu noch *eine Art Pirandello-Kopie* gehört, sind in Waren entstanden, also zwischen 1945 und Ende 1947.[59] Jüngeren Datums ist die Bearbeitung eines Nô-Spiels nach Seami Motokyo, *Die Reise*[60]; ein Versuch nach Brecht, der verschiedentlich auf die religiös-opernhafte, streng stilisierte japanische Dramenform zurückgegriffen hat. Ungefähr aus derselben Zeit stammen das *Gespräch der Bediensteten im Palast des Agamemnon während dieser ermordet wird in der Küche*[61] und das Stückfragment *Flint.*[62] Alle diese Arbeiten sind zunächst nichts als Futter für die eigenen Schubladen: *Ich wußte, was ich machen wollte, aber das kaufte einem keiner ab.*[63]

Von 1948 bis 1950 ist Müller freier Mitarbeiter bei der «Märkischen Volksstimme» in Chemnitz. 1949/50 bietet er, ohne Erfolg, verschiedenen Berliner Redaktionen und Verlagen Gedichte und Erzählungen an. Danach versucht er es beim «Aufbau», der vom Kulturbund herausgegebenen «kulturpolitischen Monatsschrift mit literarischen Beiträgen». Auch der Aufbau-Verlag erhält 1949/50 dramatische Proben. 1950 bekommt Müller durch Vermittlung der Autorin und Kulturfunktionärin Hanna-Heide Kraze eine Einladung für den «Ersten Lehrgang für Junge Schriftsteller», gemeinsam veranstaltet von Kulturbund und Schriftstellerverband in Bad Saarow am Scharmützelsee bei Berlin. Wie im Vorjahr in Radebeul gibt es wieder Vorträge von prominenten Gästen wie Klaus Gysi, Stephan Hermlin, Johannes R. Becher, Victor Klemperer. Die vier Wochen in Bad Saarow bringen Müller eine Reihe von Kontakten ein, die schließlich zu dem erhofften Durchbruch führen: Seit Ende 1950 darf er sich Mitarbeiter des «Aufbau» nennen; hier erscheint im Dezember 1950 seine Stellungnahme zum «Forum junger Autoren», einer Rubrik, die der «Aufbau» jungen, unbekannten Autoren eingeräumt hat. Das Märzheft 1951 bringt das Ergebnis einer Umfrage vor Ort über die Lage der «Volks- und Betriebsbibliotheken» sowie der Büchereien der Maschinen-Ausleih-Stationen (MAS). Müller, mit der Materie aus Frankenberg gut vertraut, berichtet über drei Bibliotheken im Kreis Flöha.

Aus dem Kreis seiner Kollegen, die mit ihm in Saarow gewesen sind, erfährt Müller, *daß man beim Zentralrat der FDJ gutes Geld verdienen könnte*[64]. Dort bereitet man für das nächste Jahr die Austragung der «III. Weltfestspiele der Jugend und Studenten für den Frieden» vor. In der Zeit vom 5. bis 19. August 1951 kommen fast 30 000 Delegierte aus über 100 Ländern und rund zwei Millionen Jugendliche aus West- und Ostdeutschland nach Berlin. Müller gehört zu dem Autorenkreis, der für das Liederbuch der FDJ «Wir singen mit unseren Freunden» Übersetzungen fertigt. Ebenso wie Paul Wiens, Günther Deicke, Horst Bienek, Harald Kohtz, Martin Pohl und Franz Fühmann erstellt er auf der Grundlage von Rohübersetzungen gutbezahlte Nachdichtungen polnischer Volkslieder und Hymnen auf kommunistische Parteichefs, die jeweils zwischen 300 und 350 Mark einbringen. Auf diese Weise hat er in kurzer Zeit den Jahresverdienst eines Arbeiters zusammen.

Plakat zu den Weltfestspielen 1951

Die Weltfestspiele bescheren Müller noch einige weitere literarische Aufträge. Auf Ersuchen des Zentralrats steigt er in den von der FDJ ausgeschriebenen Kurzgeschichtenwettbewerb ein, dessen Resonanz unbefriedigend ausgefallen war. Etwa zur selben Zeit entsteht die antikapitalistische Parabel *Der Bankrott des Großen Sargverkäufers*: In einfachen Aussagesätzen formuliert Müller eine bilderreiche Grundsituation, sprachlich wenig durchgearbeitet. Abgegriffene Formulierungen, reportagehafte Züge stehen neben kafkaesk anmutenden Schilderungen.

Noch hat Müller keinen einzigen literarischen Text veröffentlicht. Dies gelingt ihm mit Hilfe von Eduard Zak, der sein *Verbindungsmann* zum «Sonntag» wird[65], der Wochenzeitung des Kulturbunds, die im Frühjahr 1951 die ersten literarischen Arbeiten Müllers druckt, zwei *Parabeln*: durchsichtige Geschichten, die ihre Aussage dem Leser förmlich aufdrängen. Ende des Jahres folgt die Erzählung *Das Volk ist in Bewegung*: eine Momentaufnahme vom Beginn eines Streiks in einem westdeutschen Automobilwerk, wozu die Redaktion richtig bemerkt, daß ihr «knapper Stil» «fast an ein Filmexposé» erinnere. Beachtenswert an diesem Text sind allenfalls einige zugespitzte Dialoge, die bereits auf die dialektischen Kontroversen der Produktionsstücke verweisen. Im Septemberheft 1951 des «Aufbau» erscheint ein weiterer quasi-literarischer Text Heiner Müllers, eine von mehreren «Anekdoten» zu den Weltfestspielen, der seine Wirkung durch die lakonisch erzählte Pointe erzielt. 1953, wieder im «Sonntag», veröffentlicht Müller *Drei Parabeln*, belanglose Lehrdichtung, die man mit etwas gutem Willen politisch deuten kann. Schließlich bringt der «Sonntag» unter dem Datum des 14. Februar 1954 eine kurze Satire aus der jüngsten Gegenwart, die Müller, wie die Redaktion anmerkt, «nach dem Bericht eines Lesers aufgezeichnet» hat: *Das teure Bild*. Zu lernen ist: Wenn sich Unkenntnis mit Arroganz paart, steigen die Kosten.

Parabel

Ein Mann hatte in seinem Beruf einen Fehler gemacht. Das bereitete ihm großen Ärger. Um dem abzuhelfen, hatte er die Wahl, entweder seine Frau anzuschreien, die sehr zänkisch war, oder den Fehler gutzumachen. Er erschlug seinen Kanarienvogel.

(«Sonntag», 30. August 1953)

1953 wird Müller Mitglied des Deutschen Schriftstellerverbands (DSV). Bis 1957 veröffentlicht er in der neugegründeten Verbandszeitschrift «Neue Deutsche Literatur» Rezensionen und Glossen, die Erzählung *Das eiserne Kreuz* und einige Gedichte: einen Zwischenruf zur Gründung der Bundeswehr in Westdeutschland (*Wohin?*), drei *Epigramme über Lyrik* und *L. E. oder das Loch im Strumpf*, die Lyrikversion einer Anekdote, die der «Sonntag» 1953 publiziert hatte.

Suche, Durchbruch und Absturz

Die ersten Jahre in Berlin

Nach der Flucht seiner Eltern, im späten Frühjahr 1951, siedelt Heiner Müller nach Berlin über, wo er zunächst bei seinem Klassenkameraden Herbert Richter in einem möblierten Zimmer am Bahnhof Warschauer Straße, danach in wechselnden Unterkünften Unterschlupf findet; immer auf der Suche nach einer Chance, in den Literaturbetrieb einzusteigen. Was Peter Hacks, der 1955 aus München nach Berlin kommt, auf Anhieb schafft, die Eroberung der Literaturszene, fällt Müller außerordentlich schwer. Ohne festen Wohnsitz und festes Einkommen führt er von 1951 bis 1954 eine halb asoziale, *nomadische* Existenz.[66] Ganze Nächte verbringt er in der «Mitropa»-Gaststätte am Bahnhof Friedrichstraße oder im Café Nord, einem Tanzlokal Ecke Schönhauser-/Wichertstraße. Hier wie dort trifft er *Gestrandete*[67], die ihm Material für seine Stoffsammlung liefern, etwa für Szenen in *Germania Tod in Berlin.*

1950/51 bewirbt sich Müller bei Brecht, den er zuvor in dessen Haus in Weißensee aufgesucht hat, vergeblich um eine Stelle als Meisterschüler. Ohne Erfolg bleibt auch der anschließende Versuch, beim Berliner Ensemble ein 1952 nach dem Modell von Brechts «Mutter» verfaßtes Stück über den Arbeitersportler Werner Seelenbinder unterzubringen, von dem Müller später nur drei Zwischenspiele in Blankversen gelten läßt, die offenbar auch Brecht interessiert haben. Der Ringer Werner Seelenbinder (1904–1944), sechsmaliger Deutscher Meister im Halbschwergewicht, Olympiavierter 1936, seit 1928 KPD-Mitglied, hatte nach 1933 bei öffentlichen Wettkämpfen den Hitlergruß verweigert. Ein *Heimkehrer-Drama* bietet Müller 1951 Herbert Jhering, dem Chefdramaturgen des Deutschen Theaters an, wo es jedoch keine Beachtung findet und spurlos verschwindet.[68]

In seiner Autobiographie bekennt Müller, daß der Umzug nach Berlin *auch eine Flucht vor der Schwangerschaft* seiner Freundin gewesen sei. *Ich habe Schwangerschaft immer als Freiheitsberaubung betrachtet.*[69] *Ich war in Berlin ohne Adresse und immer hin und her, sehr nomadisch, und versuchte, das einfach zu vergessen.*[70] Rosemarie Fritzsche: «Er hat in einer Welt für sich gelebt. Ihm war immer das Schreiben das wichtigste. Alles andere stand hintenan. 1951 habe ich mein Staatsexamen am Klinikum in Leipzig gemacht. Dann merkte ich, daß ich schwanger war. Heiner war in Berlin, auf meine Briefe hat er nie geantwortet. Im Sommer fanden in Berlin die Weltjugendfestspiele statt. Unsere ganze Krankenpflege-Klasse wurde dort nach bestandenem Examen eingesetzt. Ich war aufgrund meiner Schwangerschaft und bevorstehenden Hochzeit freigestellt, fuhr aber auch nach Berlin. Ich habe Heiner dort gesucht. Dann habe ich ihn endlich gefunden. Er wohnte in Hohen-Neuendorf; die Schriftstellerin Margarete Neumann hatte ihm Unterkunft gewährt.»[71]

Am 31. August 1951 heiraten «der Schriftsteller Reimund Heiner Müller» und «die Krankenschwester Johanna Else Rosemarie Fritzsche» in Mahlow/Kreis Teltow bei Berlin.[72] Rosemarie Müller fährt anschließend zurück nach Leipzig. «Meine Briefe wurden auch nach der Eheschließung nicht beantwortet. Als dann die Ankunft meines Kindes bevorstand, war ich allein. Mein Bruder, der in Leipzig am Konservatorium studierte, brachte mich nach Frankenberg zu meiner Mutter. Einen Tag vor Weihnachten stand Heiner vor der Tür, unangemeldet. Ich war froh, daß er erstmal wieder da war und habe gute Miene zum bösen Spiel gemacht. Dann war es erstmal wieder schön. Am 25. Dezember wurde Regine geboren. Einen Tag nach der Geburt sagte mir Heiner, daß er die ganze Zeit über ein Verhältnis mit einer Tänzerin gehabt habe.»[73]

Die kommenden Monate verbringt Müller in Frankenberg, wo er bis ins späte Frühjahr 1952 hinein bleibt. *Wie es bei uns weitergeht*, weiß er zu diesem Zeitpunkt noch nicht. Er werde, teilt er seinem Vater in einem Brief vom 15. Februar 1952 mit, wieder nach Berlin gehen, wo sich seine Aussichten auf

Rosemarie, Heiner und Regine Müller, 1952

eine Wohnung leicht verbessert hätten. Bis dahin werde seine Frau in Leipzig bleiben, die Tochter bei der Großmutter in Frankenberg. *Es wird alles nicht sehr leicht sein, aber was ist schon leicht; zusammen mit Rosi ist es jedenfalls halb so schwer. Verhungern werden wir nicht.*[74]

Im Mai 1952 kann Rosemarie Müller ihrem Mann nach Berlin folgen: «Ich durfte mein praktisches Jahr an der Charité absolvieren. Regine konnte ich nicht mitnehmen, sie blieb bei meiner Mutter in Frankenberg.» Im Sommer übernimmt Müller das möblierte Zimmer eines Bekannten in Pankow. Seine Frau, die im Schwesternwohnheim untergebracht ist und oft Nachtdienst hat, kann ihn dort dennoch häufig besuchen. «Er hatte eine sehr nette Wirtin. Sie hat erlaubt, daß ich dort mit wohnen durfte. Nach drei Monaten wurde Regine krank, bekam eine Ernährungsstörung, Brechdurchfall. Meine Mutter war überfordert, sie sagte, sie könne die Verantwortung nicht mehr übernehmen. Ich nahm Regine mit nach Berlin. Dort kam sie sofort in eine Klinik. Drei Monate war sie dort. Heiner hat sie nicht ein einziges Mal besucht. Bei ihrer Entlassung – sie war neun Monate alt – wog sie fünfeinhalb Kilo. Wir haben sie mühsam hochgepäppelt, in Westberlin Milch und Lebertran besorgt, mit dem wir ihre Wunden eingerieben haben. Dann fand ich für sie einen Krippenplatz an der Jannowitzbrücke. Dort konnte sie die Woche über bleiben. Ich mußte ja arbeiten! Am Wochenende habe ich sie dann immer zu uns geholt.»[75]

«Ich hatte, zu lange, auf Deine Kosten gelebt, materiell, aber auch geistig. Als Du fortwarst, mußte ich erst einen (eigenen) Standpunkt suchen gehen, d. h. die mir gemäße Art, den Standpunkt zu wechseln. Erst wer allein trägt, lernt, was er tragen kann und wie dieses. Dieser (einmal doch notwendige) Schnitt ging um so mehr ins eigene Fleisch, als Du Dich vor mir nie auf das Podest des ‹Vaters› gestellt hast. Daß ich ihn sehr gespürt habe, drückt mein Schweigen aus. Bitte, glaub nicht, ich hätte nicht darunter gelitten, daß ich nicht schrieb. Dann sehr deutlich im Dezember 50, sah ich das Ergebnis. Und nun hatte ich einfach Angst zu schreiben, weil ich nicht wußte wie. […] Ich bitte Dich sehr, versuch lieber das, was ich getan bzw. unterlassen habe zu vergessen als mich. […]»

(Brief an den Vater in Reutlingen, 15. Februar 1952; Berlin, Stiftung Archiv der Akademie der Künste, Heiner-Müller-Archiv)

Im Jahr 1950 hatte Müller nur eine Veröffentlichung vorzuweisen, 1951, die übersetzten Lieder nicht mitgerechnet, vier. Im Jahr 1952 läßt sich keine einzige mit seinem Namen gezeichnete Publikation ermitteln. Eduard Zak vermittelt Brotarbeiten: *Der «Sonntag» saß im Haus des Aufbau-Verlags, der auch dauernd Lohnschreiber für Klappentexte brauchte. Das wurde relativ gut bezahlt. Das Problem war nur, daß es mir ungeheuer schwerfiel, weil ich eigentlich ganz was anderes machen wollte. Dieses Geldverdienen fraß eigentlich die ganze Zeit auf.*[76]

Aus einem Geburtstagsbrief an seinen Bruder Wolfgang in Reutlingen vom 15. August 1952 geht hervor, daß Müller in der zweiten Hälfte des Jahres überwiegend Lektoratsarbeit für den Aufbau-Verlag verrichtet: *Ich schreibe jede Woche einen «Klappentext», das ist der Text auf der Innenseite des Schutzumschlags, für ein neues Buch des «Aufbau-Verlags» und einen «Waschzettel», das ist eine Besprechungsunterlage für die Zeitungen. Dafür kriege ich das Buch geschenkt und dazu immer rund 100 Mark.* Weiter erwähnt er, daß er für einen anderen Verlag die Übersetzung eines Romans von Jurij Trifonow *verbessert* hat – *für 900 Mark. (Aber das Geld krieg ich erst noch). Ab September habe ich einen Operettentext zu schreiben (dafür gibt es vier Monate lang monatlich 3–400 Mark).*[77] Unter den Büchern aus der Produktion des Aufbau-Verlags, für die Müller die erwähnten Klappentexte und Waschzettel schreibt, sind Bürgers «Münchhausen» in einer neuen Ausgabe von Rudolf Erich Raspe (1951), «Fabeln» von Iwan A. Krylow, Theodore Dreisers «Amerikanische Tragödie» und «Die Erzählung des Buchhalters» von Stanisław Wygodzki (alle 1952). *Das Höchste, das ich erreicht habe, war Feuchtwanger.*[78]

Im Frühjahr 1953 trennt sich Rosemarie Müller von ihrem Mann. Der Anlaß: Ehebruch seitens Müllers. Die Ehe wird am 29. Mai 1953 geschieden. Die Trennung von seiner Frau, die bis dahin wesentlich mehr als er zum Lebensunterhalt beigetragen hat, bringt Müller in eine prekäre finanzielle Situation, auf die er mit verstärkter journalistischer Arbeit reagiert – und mit erneuter Hinwendung zu seiner Frau. «Danach kam er dann plötzlich an, wieder und wieder: Er könne ohne mich nicht leben, ich solle auch an das Kind denken.» Am 16. November 1953 schließen beide vor dem Standesbeamten in Pankow ihre zweite Ehe. «Ich hab mich rumkriegen lassen, ich hatte wieder Vertrauen zu ihm gefaßt, außerdem wollte ich Regine den Vater erhalten. Aber er war kein Vater, nie. Er hatte kein Verantwortungsbewußtsein. Er war nicht zuverlässig. Ich mußte mich um alles kümmern.»[79]

1953/54 ist Müller regelmäßiger Mitarbeiter des «Sonntag», für den er in diesem Zeitraum über zwei Dutzend journalistische Beiträge schreibt: Literaturkritiken, Schriftstellerporträts, Berichte über Kabarett- und Laienkunstaufführungen. Ein guter Teil davon ist lediglich journalistische Pflichtübung. Einige wenige literarische Beiträge sind ebenfalls darunter. Im Archiv des Aufbau-Verlags hat sich außerdem ein von Müller verfaßtes Gutachten zu Günter Kunerts zweitem Gedichtband «Unter diesem Himmel» (erschienen 1955) erhalten.[80]

Für viele der frühen Müller-Texte, auch die literarischen, gilt, daß sie – wie er selber eingeräumt hat – *mit einer Funktionärshaltung geschrieben* sind.[81] Daneben gibt es Arbeiten, in denen die Kulturfunktionäre massiv und pauschal angegriffen werden. In der Gesamtschau erscheint der Autor als unsicherer Kantonist, als Kritiker, der zwischen der Propagierung linientreuer Ästhetik auf der einen und der Kritik an dieser Einstellung schwankt, der sich heute auf Stalin, morgen auf Brecht bezieht. Müllers wechselnde Haltungen aber sind nichts anderes als Reaktionen auf diverse Stimmungsschwankungen und Kursänderungen der «Sonntag»-Redaktion vor dem Hintergrund des 1953 propagierten «Neuen Kurses» in der Kulturpolitik der SED, der wiederum nur eine Zwangsreaktion ist auf eine neue politische Situation. Mitten hinein in Müllers Arbeit für den «Sonntag» fallen zwei entscheidende historische Ereignisse: Stalins Tod am 5. März 1953 und im selben Jahr der Aufstand vom 17. Juni. Wie schnell dabei alle Berechnungen über den Haufen geworfen werden können, zeigt das Schicksal eines kritischen Artikels über Kultursendungen im DDR-Hörfunk, den die Redaktion, die gerade dabei ist, den *ganzen Propaganda-Apparat in Frage* zu stellen, kurz zuvor bei Müller bestellt hat. Er bleibt ungedruckt: *Der Wind hatte sich schon wieder gedreht.*[82]

Der Tod von Jossif Wissarionowitsch Stalin, dem «verdienten Mörder des Volks» (Brecht), erscheint Müller auch nachträglich nicht als gewichtige historische Zäsur. *Er war für mich schon lange tot. Über die ganze Dimension des Stalinismus war ich mir 1952/53 allerdings noch nicht im klaren. [...] Als Rechtferti-*

Porträt, 1958

gung und Verdrängungshilfe dienten der Kalte Krieg und die Auspowerung der Dritten Welt.[83]

Die Jahre nach Stalins Tod lassen der Phantasie Raum: Wird es den Staaten Osteuropas gelingen, lebensfähige Alternativen zur kapitalistischen Gesellschaft zu etablieren? Der Einsatz der Panzer am 17. Juni 1953 in der DDR bringt einen ersten Rückschlag. Heiner Müller erlebt die Vorgänge in Berlin als Augenzeuge. Sein Beitrag zum Arbeiteraufstand ist ein Text für den «Sonntag» über Luise Ermisch, *Begründerin der ersten Brigade für ausgezeichnete Qualität in der volkseigenen Industrie der Deutschen Demokratischen Republik*, eine «Heldin der Arbeit». Interessant ist das Zitat, das Müller als Motto über seine Geschichte setzt: *Nur diejenigen Wettbewerbsformen setzen sich durch, deren Notwendigkeit von den Massen erkannt ist und die aus den Massen selbst kommen ...* Elf Tage nach der Niederschlagung des Aufstands liest sich das als Fingerzeig an die Adresse der Parteiführung.

In seinen literaturkritischen Aufsätzen für den «Sonntag» vertritt Müller einen vergleichsweise selbständigen Standpunkt. Mit Entschiedenheit und polemischer Schärfe wendet er sich gegen Schematismus, tendenzielle Schönfärberei und Konfliktscheu. Für seine antidogmatische Position erhält er von der Redaktion, deren Interessen er im Regelfall zu vertreten meint, mehr oder weniger Rückendeckung – ohne zu ahnen, daß er von ihr des öfteren *in bestimmten kulturpolitischen Zusammenhängen als taktische Bombe eingesetzt* wird.[84] *Einsetzbar war das angestaute Aggressionspotential, der Frust, der sich in Aggression umsetzen ließ. Das müssen die gar nicht so klar erkannt haben, da genügt der Instinkt. Du entwickelst in jedem Beruf einen Instinkt. Bei dem Zak bin ich ziemlich sicher, daß er das wußte. Er hat mir mal gesagt, als wir eine Differenz hatten: «Müller, Sie müssen wissenschaftlicher schreiben.» Es hatte wegen einer Rezension einen kleinen Krach gegeben. Ich sagte zu ihm: «Meinen Sie mehr Phrasen?» Er sagte: «Ja.» So steuerte er mich. Es kam alles auf die Sprachregelung an.*[85]

Hin und wieder vergreift sich Müller auch im Ton, was gelegentlich zu Protesten der Betroffenen führt. Er sei damals *jung und arrogant* gewesen, urteilt er später.[86] Bezeichnend ist überdies, daß es häufig Bekannte sind, an denen Müller sein Mütchen kühlt: Teilnehmer des Schriftstellerlehrgangs in Saarow wie Walter Forberg, Lektoren vom Aufbau-Verlag wie Uwe Berger, Mitarbeiter des «Aufbau» wie Paul Wiens. In einem nicht veröffentlichten Passus seiner Autobiographie hat Müller eingeräumt, daß ein bißchen Neid und Rachsucht mit im Spiel war: *Ich besprach viel Lyrik, Anthologien, und das waren im allgemeinen unerträgliche Sammlungen. Ich selbst war in keine Anthologie aufgenommen worden.*[87] Von Tom Schimmeck 1995 auf Michael Töteberg Urteil von 1982 angesprochen, er habe sich damals wie ein «Literaturpolizist» aufgeführt[88], räumt Müller überdies ein gerüttelt Maß an Größenwahn ein, was zur Überheblichkeit gegenüber den zu kritisierenden Texten geführt habe: *Ich glaubte, ich bin ein Genie, überhaupt der größte deutsche Dichter des Jahrhunderts, und mußte diese Scheiße schreiben, damit ich leben kann.*[89]

Im «Sonntag» vom 20. September 1953 stellt Müller den chinesischen Schriftsteller Lu Hsün vom Anfang des Jahrhunderts vor; ein Jahr später bringt das Blatt einen aus dem Englischen übersetzten Auszug aus dem Auswahlband «Selected Stories of Lu Hsün», der im selben Jahr in Peking erschienen war. Als Übersetzer zeichnet *Jakob Sabest*: ein Pseudonym, das Müller bereits im Juli 1954 für die Übertragung einer Erzählung von Li Chun (*Nicht diesen Weg*; ebenfalls aus dem Englischen) benutzt hatte. *Ich dachte, jetzt verkleide ich mich, und da habe ich zwei Namen ausprobiert. Unter dem einen ist, glaube ich, gar nichts erschienen, das war Georg Gramm, eine falsche Bescheidenheit, der andre Jakob Sabest. Sabest stammt aus Brochs Theaterstück «Denn sie wissen nicht, was sie tun», einem Anti-Nazi-Stück.*[90]

Zum Bruch mit der Redaktion kommt es, als Müller Ende Oktober 1954 in einem Veranstaltungsbericht der heimischen Literaturkritik bescheinigt, daß sie *darniederliege*. Während es in der Sowjetunion heiße: *Ich schreibe, und wir diskutieren gemeinsam darüber*, sei die derzeitige Situation in der DDR durch die Formel gekennzeichnet: *Ich schreibe, und wehe dir, wenn du kritisierst!* Zum Schluß ein Paukenschlag: *Was unsrer Meinung nach die Entwicklung unsrer neuen Literatur gehemmt hat und noch hemmt, ist die Tatsache, daß bei uns die neue Literaturtheorie vor der neuen Literatur da war. Diese Theorie wurde entwickelt in der Sowjetunion, abstrahiert von einer dort vorhandenen reichen Literatur […]. Dieses Ergebnis wurde von uns als «Rezept» übernommen.*[91] Obgleich er das Kürzel *H. M.* benutzt hat, bleibt dieser Artikel nicht folgenlos für Müllers Mitarbeiterstatus. An eine Beschäftigung im alten Umfang ist nicht zu denken, doch können im «Sonntag» zwischen Oktober 1955 und März 1956 in der Rubrik «Bücherschau» und unter Kürzel oder Pseudonym noch einige Kurzrezensionen erscheinen. Auch die Arbeit für die «Neue Deutsche Literatur» bleibt von den Vorgängen beim «Sonntag» nicht unberührt; erst 1957 kann Müller wieder mit kritischen Beiträgen auftreten.

Müller & Müller

In einer Arbeitsgruppe, die der Schriftstellerverband für junge Autoren eingerichtet hat, lernt Müller 1953 die vier Jahre ältere Journalistin und Kinderbuchautorin Ingeborg Schwenkner geb. Meyer kennen und verliebt sich in sie. Inge ist Berlinerin. Ihre Eltern sind kurz vor Kriegsende bei einem Bombenangriff ums Leben gekommen; sie selbst war drei Tage lang verschüttet und hat die Leichen ihrer Eltern eigenhändig aus den Trümmern geborgen. Seit 1951 lebt sie mit ihrem 1946 geborenen Sohn Bernd aus erster Ehe und ihrem wesentlich älteren zweiten Ehemann Herbert Schwenkner, KPD-Veteran und geschäftsführender Direktor des Friedrichstadt-Palasts, in einem komfortablen Einfamilienhaus in der Thälmannsiedlung in Lehnitz bei Oranienburg (Nr. 19, heute Waldring 3). Doch nun ist sie entschlossen, den bisher durch ihren Mann gebotenen materiellen Wohlstand gegen eine Liebesbeziehung ohne geregelte Einkünfte zu tauschen. Das Haus in Lehnitz wird zu Heiner Müllers erstem festem Wohnsitz; ab April 1954 bilden Inge Schwenkner und er eine Lebensgemeinschaft.

Von der neuen Beziehung ihres Mannes erfährt Rosemarie Müller nach einem Besuch bei ihren Schwiegereltern in Reutlingen. Wenig später kehrt sie endgültig nach Frankenberg zurück. Nach der Scheidung von ihren Ehepartnern heiraten Inge Schwenkner und Heiner Müller am 4. Juni 1955; Inges achtjähriger Sohn Bernd wird von Heiner Müller adoptiert.

Ab 1958 vervollständigt Müllers in die DDR übergesiedelter Bruder Wolfgang den Hausstand: Von seiner Schwägerin Inge mit verlockenden Aussichten über glänzende Arbeitsmöglichkeiten im Sozialismus geworben, hat er das Gymnasium in Reutlingen kurzerhand abgebrochen, um in Inges Nähe zu sein und in der DDR seinen Weg zu machen. Beide haben sich Weihnachten 1955 bei einem Besuch Wolfgangs in Lehnitz kennengelernt, wohin ihn die Eltern als «Kundschafter» der neuen Ehe delegiert hatten.[92] Inge hängt sehr an Wolfgang und beginnt ein Liebesverhältnis mit ihm. Wolfgang Müller sagt heute, Inge habe «sich wohl gedacht, wenn man diese beiden Brüder zusammenklappen könnte, dann wäre das genau das Richtige»[93]. Heiner Müller bleibt die Affäre nicht verborgen, aber zu einer Intervention fehlt ihm der Mut.

Die Jahre 1954 und 1955 werden für Müller materiell wieder äußerst schwierig. Von seinen Honoraren für die Kurzbesprechungen im «Sonntag» abgesehen, hat er keinerlei literarische Einkünfte mehr aufzuweisen. Inge, die sich als Kinderbuchautorin bereits einen Namen gemacht hat, trägt ganz wesentlich zum Unterhalt der Familie bei. Im Mai 1956 beginnt für ihn dann endlich eine Subvention zu fließen: Für die Arbeit an einem dokumentarischen Hörspiel über einen Aktivisten aus der Aufbauzeit erhält er aus Mitteln des Kulturfonds acht Monate lang 450 Mark. Vom 1. Oktober 1956 an ist Müller zudem für ein Jahr Mitarbeiter für Dramatik der wissenschaftlichen Abteilung des Schriftstellerverbands. *Das war eine Art Arbeitsbeschaffung für Autoren. Manfred Bieler war für Lyrik zuständig, ich für Dramatik, ein dritter für Prosa. Wir bekamen 400 Mark im Monat, gutes Geld damals.*[94]

Müllers Hörspieltext wird vom Rundfunk der DDR, der zunächst Interesse gezeigt hatte, allerdings nicht produziert. Erst als er ihn zum Theatertext umarbeitet, kann er damit reüssieren: Unter dem Titel *Der Lohndrücker* erlebt das Stück zwei Jahre später die Uraufführung. Trotzdem bringt ihm das Funkmanuskript einen größeren Auftrag von Radio DDR ein, das Müller nun mit einem Hörspiel über die «Produktion» beauftragt und ihn ins Lausitzer Braunkohlerevier schickt, damit er sich vor Ort über Schwierigkeiten beim Aufbau der volkseigenen Energieindustrie informiert. Im Sommer 1957 recherchieren Inge und Heiner Müller zwei Wochen lang auf der Großbaustelle des Braunkohlekombinats «Schwarze Pumpe», damals das größte Industrieprojekt der jungen DDR. In einem 1958 veröffentlichten Gedicht, betitelt *Gedanken über die Schönheit der Landschaft bei einer Fahrt zur Großbaustelle «Schwarze Pumpe»*, schwingt naive Begeisterung mit über das, was Müller dreißig Jahre später spöttisch als *Renommierobjekt von Ulbricht* bezeichnet hat.[95]

In dem im Winter 1957/1958 geschriebenen Lehrstück *Die Korrektur* geht es um die Revision «falscher» Einstellungen eines parteitreuen Vorarbeiters. Im Hintergrund steht das Normenproblem und damit ein Grundkonflikt der DDR-Gesellschaft: Während die Funktionäre von den Werktätigen eine idealistische, opferbereite Einstellung erwarten, da sie ja dafür bezahlt werden, an die Zukunft zu glauben, ist es das «natürliche» Interesse der Arbeiter, bei möglichst hohem Lohn möglichst wenig zu arbeiten. Heiner und Inge Müller zeigen einen für die damalige Zeit typischen Machtkonflikt zwischen einem ehemaligen Nazi, der aufgrund seiner fachlichen Qualifikation eine privilegierte Stellung genießt, und einem mißtrauischen Altkommunisten. Sie verdeutlichen die Kluft zwischen der behaupteten und der tatsächlichen Stellung der «Arbeitermacht», die unter massivem Leistungsdruck steht, und sie lassen kei-

Inge Müller, um 1958

nen Zweifel daran, daß die Widersprüche ausgehalten werden müssen, eben weil sie existieren.

Für *Korrektur* wie auch für die nachfolgenden Produktionsstücke gilt, daß Müller den Zuschauer mit Situationen konfrontiert, in denen die veränderten gesellschaftlichen Bedingungen neue Entscheidungen und ungewohnte Verhaltensweisen erforderlich machen. In knappen, einfachen Sätzen werden Schicksale deutlich, Entwicklungen und Widerstände. Der Wechsel von Bericht (Interview) und eigentlicher Spielhandlung läßt den Zuschauer das Geschehen zugleich aus der Perspektive der Handelnden und der eines objektiven Beobachters betrachten.

Die spätere Hörspielchefin des Rundfunks der DDR, Christa Vetter, bringt das Stück als Dramaturgin in den Funk: In der Regie von Wolfgang Schonendorf wird *Die Korrektur. Ein Bericht über den Aufbau des Kombinats Schwarze Pumpe 1957* im März 1958 produziert. Die für den 26. März 1958 auf Radio DDR geplante Ursendung wird nach einer Baracken-Probeaufführung im Kombinat vom staatlichen Rundfunkkomitee jedoch wegen «Schwarzmalerei» und «harter Schreibweise» verboten. Auch die Veröffentlichung dieser Fassung im Maiheft 1958 von «Neue Deutsche Literatur» ruft Diskussionen hervor. Müller, so der Grundtenor der Kritik, zeige das negative Besondere, in Wahrheit sei das Positive das Typische. Tatsächlich sperren sich die Biographien von Müllers Bühnenfiguren gegen die statistische Homogenisierung, fallen aus dem Rahmen des normativ Üblichen: Nur deswegen sind sie ja interessant. Aus dem Mangel an Repräsentativität ergibt sich jedoch der Vorwurf mangelnder Realität und daraus wiederum die Behauptung der Kunstunfähigkeit bzw. -unwürdigkeit. *Da habe ich das dann in den Ferien umgearbeitet und auf positiven Vordermann gebracht, ziemlich unsäglich, aber als Dokument ganz interessant.*[96] In dieser zweiten Fassung wird das Hörspiel am 13. November 1958 vom Berliner Rundfunk ausgestrahlt.

Müllers zweite Arbeit für den Rundfunk, wiederum ein Dokumentarhörspiel, ergibt sich aus den Schwierigkeiten, die erste durchzusetzen: *Die Korrektur* ist soeben abgesetzt, und er braucht wieder einmal Geld. Daraufhin wird er vom Rundfunk ins Senftenberger Braunkohlenrevier geschickt. Anfang Februar 1958 hatte es dort in Klettwitz einen gravierenden Arbeitsunfall mit drei Verletzten gegeben. Nach dem Einsturz der 360 Meter langen Förderbrücke liegt der Tagebau still; ein Verlust von täglich 5 Prozent der Kohleförderung der gesamten Republik. Nun geht es darum, den Ausfall zu ersetzen; es werden Freiwillige benötigt, die bereit sind, auf niedrigerem Lohnniveau zu arbeiten: Zweifellos beste Voraussetzungen für ein Werk des sozialistischen Realismus. Am 13. Oktober 1958 bringt Radio DDR in einer «bereinigten» Fassung das dreiundzwanzigminütige Dokumentarhörspiel *Die Brücke. Ein Bericht aus Klettwitz.* Als Autoren zeichnen Inge und Heiner Müller, Regie führt wieder Wolfgang Schonendorf. In Müllers Interpretation gerät der Unfall im Klettwitzer Tagebau zum Modellfall solidarischen Verhaltens; die Widersprüche, die *Korrektur* und *Lohndrücker* auszeichnen, fehlen hier völlig. Dieser Text ist glatt und parteilich, ein sozialistisches Lehrstück mit aufdringlich appellativem Charakter. Wie aus *Korrektur* wird auch aus diesem Hörstück ein Bühnenstück, 1958 aufgeführt am Theater der Bergarbeiter in Senftenberg.

Ebenfalls unter Mitarbeit Inge Müllers und als Auftragsarbeit der von Fritz Wisten geleiteten Berliner Volksbühne zur Sechzigjahrfeier der Oktoberrevolution entsteht die zusammen mit dem Dramaturgen Hagen Stahl erstellte Bühnenfassung von John Reeds Reportagebuch «Zehn Tage, die die Welt erschütterten». In der Gastregie von Hans Erich Korbschmitt wird die Szenenfolge am 22. November 1957 uraufgeführt.

Das Jahr 1957 beschert Müller eine weitere Einnahmequelle: Aufgrund eines Zuverlässigkeitsgutachtens des Schriftstellerverbands wird er für ein Jahr Mitglied des Redaktionskollegiums der neuen, vom Zentralrat der FDJ herausgegebenen Zeitschrift «Junge Kunst. Monatsschrift für Literatur, Kritik, bildende Kunst, Musik und Theater». Hier kann Müller auch eigene Arbeiten publizieren: gleich im ersten Heft vom November 1957 die Szenenfolge nach John Reed, im 2. Jahrgang dann den *Klettwitzer Bericht* sowie zwei Gedichte. Chefredakteur des Blatts ist der Germanist Heinz Nahke, den Müller vom Schriftstellerverband kennt; er hatte dort die wissenschaftliche Abteilung gegründet. Erklärtes Ziel der Zeitschrift ist es, ein Publikationsorgan für junge Künstler zu etablieren, «die bewußt und unbeirrt für die Sache unseres Arbeiter und Bauern-Staates schaffen und sich im Sinne der Vielfalt und Breite des sozialistischen Realismus um die Darstellung unserer Wirklichkeit bemühen»[97].

Trotz diverser Einnahmequellen müssen die ersten Ehejahre der Müllers finanziell dramatisch gewesen sein. Geld ist immer knapp bei ihnen – nicht ohne eigene Schuld, wie Wolf Biermann meint: «Die lebten wirklich sehr ungesund. Die haben geraucht wie die Teufel und gesoffen, als müßten sie irgendwelche Feuer löschen.»[98]

Sowohl *Die Korrektur* als auch *Die Brücke* sind zunächst als gemeinsame Arbeiten von Inge und Heiner Müller ausgewiesen. War die Lebensgemeinschaft auch eine Autorengemeinschaft? Freunde und Bekannte haben es damals so gesehen. In den Gesprächen, die seiner Autobiographie zugrunde liegen, hat Müller versichert, daß Inges ursprüngliche Nominierung als Co-Autorin eine leichtfertige Überbewertung ihrer Rolle war, geschehen aus Dank, daß sie ihn bei seiner Arbeit begleitet habe. Sie habe seine Texte redigiert und abgetippt[99]; darüber hinaus, so Müller 1989 im Gespräch mit Blanche Kommerell, habe sie *gar keinen* Anteil an seinen Stücken gehabt. Sie habe, im Gegensatz zur verbreiteten Vorstellung, auch keine Texte recherchiert, die von ihm dann verarbeitet worden seien.[100] Wolfgang Müller sagt, daß Inge von seinem Bruder gleichsam wie eine «Säule» in sein «Unternehmen» eingebaut worden sei[101]; Bernd Müller meint, seine Mutter habe immer nur in Heiner Müllers «Schatten gelebt», nicht «als gleichberechtigter Partner», sondern «als Stütze»[102], ohne die Müller in diesen schwierigen Jahren vielleicht nicht hätte bestehen können.

Der Bruch kommt, als Müller nicht mehr bereit ist, das Wertvollste, was er besitzt, nämlich seine Texte, mit seiner Frau zu teilen, und sie fortan zur Mitarbeiterin herabstuft. Für

Heiner und Inge Müller bei Recherchen für ein DEFA-Szenarium, um 1960

Inge bedeutet das die Aufkündigung der Gemeinsamkeit. Sie habe *den Ehrgeiz* gehabt, *in dieser Literatur zu wohnen, wie man selbst zusammenwohnte* [103], und er sei damals leider nicht souverän genug gewesen, um diesen Wunsch zu akzeptieren, sagt Müller 1995 zu Jürgen Serke.[104]

Natürlich drängt sich die (spekulative) Frage auf, ob Heiner Müller ohne Inge Schwenkner der geworden wäre, der er schließlich wurde. Aber auch umgekehrt ist zu fragen, ob Inge Schwenkner nicht von Heiner Müller entscheidende literarische Impulse erhielt. Aus dem, was beide vor 1953 geschrieben haben, zu schließen, wer von ihnen schon damals bedeutender gewesen ist, fällt nicht leicht, denn bei beiden sind die vor dem Zusammentreffen entstandenen Texte überwiegend bedeutungslos. Was Heiner Müller vor 1953 originär produziert, ist bis auf wenige Ausnahmen epigonal oder wirkt angestrengt. Der Schwerpunkt von Inges Arbeit liegt zunächst im Bereich der Kinderliteratur; erst in der Verbindung mit Heiner Müller entwickelt sie starken künstlerischen Ehrgeiz. Beide haben wohl einen Gegenpart gebraucht, der verborgene Energien weckte, um weiterkommen zu können. Bei Heiner Müller ist sicher die künstlerische Potenz größer gewesen, auch die Entschlossenheit, sich notfalls auf Kosten anderer durchzusetzen.

«Ein Heutewenig für ein Morgenviel»[105]

Mitte der fünfziger Jahre haben in der DDR für kurze Zeit Vielfalt und Streit der Meinungen über Literatur ihren anerkannten Platz, nicht nur im «Sonntag». In Moskau ist am 25. Februar 1956 der XX. Parteitag der KPdSU mit einer Geheimrede des Generalsekretärs Nikita Chruschtschow zu Ende gegangen, in der die Amtszeit Stalins einer schonungslosen Analyse unterzogen, sein Machtmißbrauch und seine bei diversen «Säuberungen» begangenen Verbrechen offengelegt worden sind. Reformwillige Parteifunktionäre, Intellektuelle und Künstler unternehmen nun den Versuch, die Lehren aus der Stalinismuskritik auch auf die DDR-Verhältnisse anzuwenden, um mehr Spielraum für Diskussionen zu gewinnen. Die Parteiführung verschließt sich dem Reformgedanken nicht völlig, blockt aber eine durchgreifende Entstalinisierung der Parteistrukturen ab, weil die SED nach Ulbrichts Ansicht vom Führerkult weniger berührt worden sei als andere Bruderparteien. Immerhin kommt es 1956 zu einigen, wenngleich eher kosmetischen Korrekturen und Neuerungen.

Für einige Gruppierungen der Opposition geht es indessen um mehr; letztlich sogar um ein anderes Sozialismus-Konzept. Für sie sind die gleichzeitigen Vorgänge in Polen und Ungarn eine Ermutigung: In Polen kann sich nach heftigen Machtkämpfen in der Kommunistischen Partei Władysław Gomulka als Generalsekretär durchsetzen, der mit seiner Politik den zaghaften Versuch wagt, gegenüber der Sowjetunion den nationalen Souveränitätsanspruch zu wahren; in Budapest bricht am 23. Oktober ein Aufstand gegen das diktatorische Regime von Ernö Gerös aus. Als die antisowjetischen Tendenzen zu einer Gefahr für den kommunistischen Machtbereich zu werden drohen, läßt Moskau Panzer gegen die «Konterrevolution» auffahren. Ein prosowjetisches Kabinett unter János Kádár übernimmt die Regierung in Ungarn und leitet eine unnachsichtige Verfolgung der Aufständischen ein,

Walter Ulbricht am 4. August 1951 in der Stalinallee

als deren Gipfelpunkt am 16. Juni 1958 die politischen Führer um den Reformkommunisten Imre Nagy hingerichtet werden.

Die Niederschlagung des Ungarn-Aufstands bedeutet vorerst das Ende der Hoffnungen auf eine Periode des Tauwetters in Politik und Kultur der DDR. Diskreditiert durch seine Beteiligung an der «Konterrevolution» in Ungarn ist zunächst der Philosoph und Literaturwissenschaftler Georg Lukács, Kulturminister im Kabinett von Imre Nagy und Mitglied des wegen seiner «konterrevolutionären Machenschaften» geächteten Budapester Petöfi-Klubs. Die ehemalige Leitfigur der marxistischen Literaturwissenschaft in der DDR gilt inzwischen als Personifikation des «Revisionismus». Der Direktor des Philosophischen Instituts an der Universität Leipzig, Ernst Bloch, Nationalpreisträger von 1955, Mitherausgeber der «Deutschen Zeitschrift für Philosophie», steht kurz vor der Verhaftung. Er ist, so Zentralkomitee-Sekretär Kurt Hager auf der Kulturkonferenz vom Oktober 1957, mit dem «größenwahnsinnigen Anspruch» angetreten, «den Marxismus zu erneuern und zu einer marxistischen Anthropologie, zum ‹menschlichen Sozialismus› weiterzuentwickeln»[106]. Bloch erhält Lehr- und Veröffentlichungsverbot.

Ein weiteres Opfer ist der Lukács-Jünger Wolfgang Harich (1923–1995), Dozent an der Humboldt-Universität, Theaterkritiker, Lektor beim Aufbau-Verlag und Chefredakteur der «Deutschen Zeitschrift für Philosophie». Die Harich-Gruppe, bestehend aus Parteifunktionären und Intellektuellen, hat ein Reformprogramm für die SED und ein Konzept für die Wiedervereinigung ausgearbeitet, in dem von Umstrukturierung der Regierung, partieller Reprivatisierung und «Wiederherstellung der Geistesfreiheit» die Rede ist. Sogar eine Liste mit Namen eines Schattenkabinetts existiert bereits. Es ist der Versuch eines Staatsstreichs – mit dem einen Unterschied, daß Harich in einem Gespräch mit Ulbricht davon ausgeht, dieser werde, konfrontiert mit seinem Konzept, zurücktreten. Statt dessen läßt ihn Ulbricht am 16. Oktober 1956 wegen staatsfeindlicher Betätigung verhaften; im März 1957 wird er wegen «Boykotthetze» und «konterrevolutionärer Betätigung» zu zehn Jahren Zuchthaus verurteilt, von denen er acht in Berlin und Bautzen absitzen muß. Auch leitende Angestellte des Aufbau-Verlags und Redakteure des «Sonntag» werden des «Revisionismus», der «Staatsfeindlichkeit» und «Boykotthetze» angeklagt: Nach einem Schauprozeß ergehen im Sommer 1957 die Urteile gegen Walter Janka, den Leiter des Aufbau-Verlags, gegen Heinz Zöger, den Chefredakteur des «Sonntag», seinen Stellvertreter Gustav Just und andere; sie erhalten Zuchthausstrafen zwischen zweieinhalb und fünf Jahren.

Die unterbliebene, im Keim erstickte Auseinandersetzung mit den Ursachen von Machtmißbrauch und Personenkult, das völlige Versagen der Parteispitze bei der Aufarbeitung und Bewältigung des Stalinismus fordert Künstler wie Heinar Kipphardt zum Widerspruch heraus. Sie werden fortan auf «Kulturkonferenzen» der SED regelmäßig an die Kandare genommen. Anstelle der vermeintlichen Tauwetter-Periode hält die Restauration Einzug: Vier Jahre, in denen die Partei den unbotmäßigen Künstlern zeigt, wer das Sagen hat. Der Gegenangriff der Ideologen richtet sich hauptsächlich gegen drei feindliche «Erscheinungen»: Versuche, die marxistische Ästhetik westlichen bzw. modernistischen Einflüssen zu öffnen, die produktive Anwendung von Brechts Theatertheorie auf die Gegenwart der DDR und die Rückbesinnung auf proletarisch-revolutionäre Traditionen im Anschluß an den unter Stalin verpönten «Proletkult» oder an «Formalisten» wie Majakowskij, Isaac Babel oder auch John Heartfield. All diese Ansätze stehen in krassem Gegensatz zu einem sozialistisch-idealistischen Naturalismuskonzept, wie es die Parteispitze bevorzugt.

Heiner Müller, eben noch fast so etwas wie ein Vorzeige-Gegenwartsdramatiker der Partei, ist einer der Leidtragenden dieses Kampfs. Schon auf der 4. Plenartagung des Zentralkomitees vom 15. bis 17. Januar 1959 wird er neben anderen von Ulbricht als Verfechter des sogenannten «didaktischen Lehrtheaters» angegriffen.[107] Aufgrund der neuen Frontstellung bleibt auch der erwartete, gutdotierte FDGB-Preis aus, für den Heiner und Inge Müller vorgeschlagen sind. Immerhin setzt die Akademie der Künste ein Zeichen gegen den Trend: Am 25. März 1959 erhält das Ehepaar Müller für *Lohndrücker* und *Korrektur* den Heinrich-Mann-Preis, den die Akademie für «Werke gesellschaftskritischen Charakters», in denen «die demokratische und sozialistische Erziehung unseres Volkes gefördert» wird, vergibt.

1957 schreibt Müller das *Lohndrücker*-Hörspiel zu einem Bühnenstück um; im Mai veröffentlicht die «Neue Deutsche Literatur» den Text. Gleichzeitig bemüht sich Müller auch um eine Inszenierung. Im Sommer 1957 lernt er den sieben Jahre jüngeren B. K. Tragelehn kennen, 1955/56 Brecht-Meisterschüler für Regie, seitdem freier Regisseur. Tragelehn bietet dem Berliner Ensemble an, am Elbe-Elster-Theater in Wittenberg, dem Patentheater des Berliner Ensembles, *Lohndrücker* zu inszenieren[108], bekommt die Chance aber ebensowenig wie Hausregisseur Carl M. Weber, der es am Maxim-Gorki-Theater versuchen will. Man hat im Theater am Schiffbauerdamm Vorbehalte gegen Müller: Als ehemaliger Verbandsmitarbeiter steht er im Ruf, ein *Funktionär* zu sein, *und von einem Funktionär konnte nichts Vernünftiges kommen.* Mit dieser Begründung wird das Stück abgelehnt.[109] Nicht anders ergeht es Müller beim Deutschen Theater. Hinzu kommt, daß der kurze Text einen relativ großen Aufwand an Darstellern und Umbauten erfordert: Das Manuskript sieht bei 21 Szenen 40 Rollen und 13 Dekorationen vor.

Einen Erfolg kann Müller 1957 immerhin verbuchen: Kurz vor Weihnachten erhält er für *Lohndrücker* einen mit 2000 Mark dotierten Anerkennungspreis des Kulturministeriums und damit den Segen der Partei. Am 27. Mai 1957 erwirbt der Bühnenvertrieb des Henschelverlags Kunst und Gesellschaft die Bühnenrechte (Müllers Tantiemevorschuß beläuft sich auf 2500 Mark), im Jahr darauf bringt er das Stück in seiner Reihe broschierter Einzelausgaben mit «zeitgenössischer Dramatik» heraus – Beginn einer Verlagsbeziehung, die bis zu Müllers Tod gedauert hat. Henschels hauseigene Theaterzeitschrift, «Theater der Zeit», wird fortan zu einem wichtigen Forum für Anhänger (wie für Kritiker) Müllerscher Dramaturgie.

Der *Lohndrücker*-Stoff gehört zum Standardrepertoire der Produktionspropaganda: Der Feuerungsmaurer Hans Garbe hatte 1949/50 in einer spektakulären, normsprengenden Arbeitsleistung bei Siemens-Plania einen defekten Ringofen ohne Betriebsunterbrechung repariert. Im Mai und Juni 1951 war er von Bertolt Brecht zusammen mit Slatan Dudow befragt worden; die Antworten wurden von Käthe Rülicke mitstenografiert. Auf Grundlage dieser Protokolle entstand das 1952 erschienene Buch «Hans Garbe erzählt»; für Müller *gutes Material.*[110] Von Brechts damit verbundendem Werkplan und einigen Szenenentwürfen weiß er damals nur vom Hörensagen. Immerhin verrät die dramatische Bearbeitung eines Brecht-Stoffes Selbstbewußtsein.

Alexander Abusch überreicht den Anerkennungspreis des Kulturministeriums, 1957

Dramaturgisch bedeutet *Der Lohndrücker* einen Rückgriff auf Brecht. Wie Brecht stattet Müller sein Stück mit dialektischen Momenten aus, wirft Fragen auf, ohne Lösungen anzubieten, und überantwortet die Probleme auf diese Weise dem Publikum. Charakteristisch ist, daß Müller sich, in seiner Radikalität über Brecht hinausgehend, in äußerster Verkürzung von gesellschaftlichen Grundsituationen abgeleitete, zugespitzte dramatische Momente sucht. Auf durchaus neue Art und Weise formuliert er einen Stoff, den er der Realität des gesellschaftlichen Umbaus entnommen hat. Die Sprachkunst von *Lohndrücker* resultiert aus dem Aufeinandertreffen von Widersprüchen und den sich daraus ergebenden Reaktionen der Figuren. Weit davon entfernt, die Sprache der Arbeiter nachzuahmen, formuliert Müller in lakonisch-präzisen, oftmals witzigen Dialogen dialektisch pointierte Antithesen.

«LERKA So ist das also. Da schindet man sich krumm, ins Kreuz getreten dreißig Jahre, fressen wie ein Hund und in Trab wie ein Gaul. Und jetzt heißt es: ein Saboteur! Das ist also euer Arbeiterstaat. Ihr seid nicht besser als die Nazis.
DIREKTOR gepreßt: Sag das noch mal.
LERKA Ich hab gesagt, ihr seid nicht besser als die Nazis.
Direktor schlägt Lerka ins Gesicht. Pause. Das kostet dich die Stellung, Direktor. Das ist nicht wie bei Hitler. *Ab.*»
(«Der Lohndrücker»; T 1, 24)

Im Unterschied zum damals üblichen Produktionsstück ist Müller nicht darauf aus, Leistungssteigerung zu propagieren. Er setzt sich mit dem Kern des Konflikts auseinander, den er darin sieht, daß die Arbeiter, die dem neuen Staat mit Hohn, Verweigerung und Sabotage begegnen (etwa indem sie sich gegen höhere Normen zur Wehr setzen), in der Auflehnung gegen die Partei und ihre Aktivisten nachholen, was sie gegen Hitler nicht wagten. Die SED auf der anderen Seite wünscht sich im Interesse einer durch Reparationsleistungen ausgepowerten Staatswirtschaft nichts sehnlicher als das disziplinierte Arbeitstier aus Hitlers Rüstungsfabriken, das zu Mehrarbeit und Übererfüllung der Wirtschaftspläne bereit ist. Um den neuen Staat aufzubauen, bedienen sich die Funktionäre der gleichen effektiven Methoden, die sie einst als Mittel der Ausbeutung anprangerten.

Am 23. März 1958 geht *Der Lohndrücker* in der Regie von Günter Schwarzlose über die Studio-Bühne des Leipziger Stadttheaters, wenig später wird es auch in Erfurt gezeigt. Die Theaterrezensenten sind des Lobes voll, neben der Lokalpresse berichten auch die überregionalen Zeitungen. Seine Hauptstadtpremiere erlebt *Der Lohndrücker* am 2. September 1958 im Berliner Maxim-Gorki-Theater, in einer Doppelaufführung zusammen mit der korrigierten, in den Brüchen und Konflikten begradigten und auf Kurs getrimmten *Korrektur*. Regie führt Hans Dieter Mäde, den Müller vom Lehrgang in Radebeul kennt. Die Aufführung in Berlin kommt freilich erst nach parteiinternen Machtkämpfen zustande. Streitpunkt ist *Korrektur*: Das Stück zeichne *ein falsches Bild der Arbeiterklasse, Beleidigung der Arbeiterklasse, Verzerrung der sozialistischen Realität*[III]. Erst ein Beschluß des Zentralkomitees hebt das Verbot auf. Auf einer Veranstaltung in Halle am 21. April 1958 lobt Staats- und Parteichef Ulbricht die zukunftsträchtigen Arbeiten von Kuba, Seghers, Strittmatter und Müller. Und er wiederholt sein Lob auf der Bitterfelder Konferenz vom 23. April 1959, wo er die

Gewerkschaftswahl. Szene aus Heiner Müllers «Lohndrücker»-Inszenierung am Deutschen Theater, 1988

Arbeiten von Heiner und Inge Müller als Beweis dafür anführt, daß auch Gegenwartsdramatik die Bühne erobern könne.[112]

Aus der Inszenierung seines Stücks ergibt sich für Müller die erste Anstellung an einem Theater: Nach der erfolgreichen Premiere von *Lohndrücker* nimmt ihn das Maxim-Gorki-Theater in der Spielzeit 1958/59 als Dramaturg unter Vertrag, was nichts anderes bedeutet als eine verkappte *Finanzierung von Autoren*[113]. Zu den Gefälligkeitsarbeiten für Intendant Maxim Vallentin gehört die Bearbeitung von Nikolaj Pogodins «Aristokraten», einer Komödie über ein Straflager am Weißen Meer, die 1956/57 im Moskauer Majakowskij-Theater neu inszeniert worden war. Die Aufführung wird jedoch verboten.

Im November 1959 zieht die Familie Müller in ein Mehrfamilienhaus aus den dreißiger Jahren in Pankow, Kissingenplatz 12, eine «alte, enge Wohnung» mit «verbrauchten Möbeln». Oft sind Gäste da. «Jeder brachte was, Müller hatte nichts. Wodka, Käse, Brot.»[114] Der Lehnitzer Freundeskreis, im Kern bestehend aus Peter Hacks, den Erzählern Boris Djacenko und Manfred Bieler, Chefredakteur Heinz Nahke und Regisseur B. K. Tragelehn, hat sich mittlerweile um den Lyriker und Redakteur der «Jungen Kunst», Karl Mickel, den Lektor Richard Leising und Wolf Biermann, 1957–1959 Dramaturg am Berliner Ensemble, erweitert. Seit dem Sommer 1960 gehört auch Hartmut Lange dazu, Student an der Filmhochschule Babelsberg, später Dramaturg am Deutschen Theater. Lange ist ein Hoffnungsträger des politischen Theaters, Peter Hacks sein wichtigster Fürsprecher.

«Die Umsiedlerin» – Komödie im Schatten des Mauerbaus

Ermutigt durch die Veröffentlichung seines dramatischen Erstlings und noch vor dessen Aufführung geht Müller an sein zweites großes Stück, *Die Umsiedlerin oder Das Leben auf dem Lande*. Unterstützt durch Empfehlungen von Hacks, Kipphardt und Manfred Wekwerth erhält er ein Stipendium aus dem Kulturfonds, zweckgebunden an eine Inszenierung am Deutschen Theater. Ende 1959 kommt es nach der Lektüre von zwei Einzelszenen zu einer Vereinbarung mit der FDJ-Studentenbühne der Hochschule für Ökonomie in Berlin-Karlshorst über eine Versuchsaufführung, für die B. K. Tragelehn als Regisseur vorgesehen ist. Für das Deutsche Theater wie auch das Berliner Ensemble sind Voraufführungen gängige Praxis, daher gibt es keinen Einspruch. Die HfÖ, mit etwa 2000 Studenten größte wirtschaftswissenschaftliche Hochschule der DDR, ist eine Kaderschmiede der Partei; die Studentenbühne kann unter ausgezeichneten Bedingungen arbeiten.

Die Ablieferung des Manuskripts verzögert sich. Als im Winter 1959/60 in der Hochschulaula in Karlshorst die Probenarbeit mit dem dreißigköpfigen Ensemble beginnt, liegt weniger als die Hälfte des Stückes vor. Der letzte Text wird «nachts in der Generalprobe eingeflickt»[115]. Die Motivation der Laiendarsteller über einen so langen Zeitraum hinweg aufrechtzuhalten, fällt schwer; in zwei Fällen ist eine Um- bzw. Neubesetzung nötig. Im Frühjahr 1960 wird die Probenarbeit unterbrochen, weil in der Landwirtschaft der DDR die Vollkollektivierungskampagne läuft, der Zusammenschluß der Bauern in Landwirtschaftlichen Produktionsgenossenschaften. Der Autor sieht sich plötzlich von der Geschichte überholt.

Auf den ersten Blick mutet *Die Umsiedlerin*, zumal im Vergleich mit *Lohndrücker*, eher undiszipliniert an: Eine durchgängige Fabel gibt es scheinbar nicht; Blankvers und rhythmische Prosa wechseln, die Dramaturgie wirkt löchrig. Tatsächlich aber ist das Stück auf außerordentlich raffinierte Weise konstruiert.

Der Stücktitel und die Figur der Umsiedlerin Anna Niet (deren Geschichte einen von insgesamt vier größeren Handlungssträngen ausmacht) sind der Prosaskizze «Die Umsiedlerin» (1950) von Anna Seghers entnommen. Von Bedeutung ist auch Brechts Proben-Modellbuch «Katzgraben-Notate» von 1953: *Der erste konkrete Text über die Arbeit mit Gegenwarts-Material in einem Theater* und *auf Jahre hinaus eigentlich der einzige.*[116]

Thema des Stücks ist die Entwicklung der DDR-Landwirtschaft von der demokratischen Bodenreform 1945 bis zur sozialistischen Kollektivierung im Frühjahr 1960 mitsamt den

B. K. Tragelehn mit Darstellern bei der Probe zu «Die Umsiedlerin», Karlshorst 1961

Auswirkungen der sozialistischen Revolution auf dem Land, die mit einer geradezu überbordenden Fülle realistischer Details und viel Witz am Beispiel eines mecklenburgischen Dorfes aufgezeigt werden: Ein ländlicher Bilderbogen, ein Panorama der bäuerlichen Gesellschaft. Lakonisch-frech notiert Müller, was die Revolution auf dem Land mit den Menschen macht und wie sich der einzelne dazu stellt. Seine dramatische Chronik schildert die Konfrontation von über Jahrhunderte gewachsenen Denkstrukturen mit der neuen politischen Wirklichkeit, das Fortbestehen der sozialen Unterschiede zwischen den von der Enteignung verschonten Mittelbauern und den neuen Landbesitzern. Aufbruch und Hoffnungen der Menschen erscheinen als Kampf zwischen altem und neuem Bewußtsein, alten und neuen Verhaltensweisen. Das Stück entwickelt sich aus der Kollision verschiedener Interessen. Gegen jede harmonisierende Sichtweise zeigt Müller den Prozeß der Landnahme als Kampf der Widersprüche: Die Aufhebung der alten produziert neue. Aller Idealismus erscheint ausgemerzt.

Die durchaus liebevoll aufgezeigte Diskrepanz von kommunistischer Utopie und realsozialistischem Alltag macht *Die Umsiedlerin* zu einer Geschichtskomödie – gleichwohl wittern die Parteifunktionäre im Stück und in Tragelehns Inszenierung «konterrevolutionäre Absichten» und Heimtücke. Denn *Die Umsiedlerin* tritt in einem Moment auf den Plan, als sich die Partei nach dem Mauerbau zu stabilisieren sucht. Das Beharren auf dem Widerspruch erscheint zu diesem Zeitpunkt als «objektiv gegen die Festigung der moralisch-politischen Einheit unserer Bevölkerung» gerichtet, als Versuch, «einen Keil zwischen die Partei und die Massen» zu treiben, wie es in einer Analyse von Siegfried Wagner, dem Chef der Kulturabteilung beim Zentralkomitee der SED, heißt.[117]

Premierentermin ist der 30. September 1961; die Aufführung soll die «Zweite Internationale Studenten-Theaterwoche» eröffnen, die unter der Ägide des Zentralrats der FDJ stattfindet. Dann kommt der 13. August, der Tag, an dem die DDR-Führung ihre Staatsgrenze zum Westen hin schließt und in einen unüberwindbaren «antifaschistischen Schutzwall» umwandelt. Zuletzt 30000 Flüchtlinge im Monat, nicht wenige davon hervorragend qualifiziert, haben das Land an den Rand der Existenzfähigkeit gebracht. Die DDR, von Beginn an in einer Art Belagerungszustand, wandelt sich jetzt auch nach innen in eine Festung. Vor diesem Hintergrund erwecken Teile des Dialogs den Anschein, als zielten sie in provokatorischer Absicht auf den Mauerbau.

Trotz einiger politischer Bedenken setzt sich bei den für die Theaterwoche Verantwortlichen die Meinung durch, das problematische Stück zur Diskussion zu stellen. Im Festsaal der Hochschule geht daraufhin am Abend des 30. September 1961 vor rund 300 Zuschauern die Probeaufführung der *Umsiedlerin* über die Bühne. Sie wird zu einem Erfolg für Autor und Regisseur und zu einem Desaster für die verantwortlichen Funktionäre. Bereits in der Pause und auf der anschließenden Premierenfeier deutet sich allerdings an, daß der Triumph nicht lange währen wird. Tatsächlich entwickelt sich daraus einer der größten kulturpolitischen Eklats der DDR bis zur Biermann-

Ausbürgerung. Insgesamt werden im Zusammenhang mit der *Umsiedlerin* rund 30 Parteistrafen ausgesprochen.[118] Bereits in der Nacht zum 1. Oktober laufen Zwangsmaßnahmen gegen die Beteiligten an: Das Stück wird abgesetzt, die Bühne geschlossen und eine Nachrichtensperre verhängt. Die Manuskripte werden eingezogen (und später im Kulturministerium verbrannt), die Mitwirkenden inquisitorisch verhört und unter Androhung der Zwangsexmatrikulation zu demütigender schriftlicher Selbstkritik und Distanzierung genötigt. Am 2. Oktober beraten die Abteilung Kultur beim Zentralkomitee, Vertreter des Kulturministeriums, der Berliner Bezirksleitung, der Parteileitung der Hochschule und des Zentralrats der FDJ über weitere Maßnahmen. Der Zentralrat, der durch mangelnde Wachsamkeit den Skandal mit verursacht hat, fordert nun, um seine ideologische Zuverlässigkeit zu unterstreichen, scharfe Gegenmaßnahmen. Der Antrag, «den Autor, den Regisseur und den Leiter der Bühne zu verhaften»[119], findet jedoch keine Zustimmung.

Eine Bestrafung bleibt indes nicht aus: Tragelehn wird aus der Partei ausgeschlossen, sein bestehender Dienstvertrag am Senftenberger Theater fristlos gekündigt. An eine Tätigkeit im kulturellen Bereich ist nicht zu denken; statt dessen schickt ihn die SED «zur Bewährung» nach Klettwitz in die Produktion, als Kipper und Bandwärter. Bis er wieder an einem Berliner Theater inszenieren darf, vergehen über zehn Jahre. Müller, als parteiloser Freischaffender weniger leicht zu disziplinieren, wird aus dem Schriftstellerverband ausgeschlossen, was de facto Publikationsverbot bedeutet.

Solidaritätsbekundungen gibt es damals kaum. Nur wenige Prominente wagen es, sich für den Autor und sein Stück ein-

«Ich glaube, mit dem Mann muß man nicht nur politisch diskutieren, dieser Mann müßte einmal zum Psychator […] Dieser Mann lief in den letzten Wochen herum, praktisch auch in den letzten Monaten, und erzählte mehreren Leuten im Vertrauen, daß er ein Genie sei […]. Er versäuft alles, er hat Miet-Geld, Gas, Licht usw. versoffen […] Er säuft herum und versucht, Leuten etwas zu spendieren. Das ist doch nicht normal.»

(Bericht des Geheimen Informanten «Hochschulz» für das Ministerium für Staatssicherheit, November 1961)

zusetzen, am entschiedensten der Leiter des Brecht-Archivs, der Dramaturg und Regisseur Hans Bunge. Auch Peter Hacks verhält sich strikt solidarisch, findet allerdings im Schriftstellerverband keine Unterstützung. Hans Mayer schickt Müller am 27. Dezember einen ermunternden Brief und veranlaßt, daß er von der Deutschen Schillerstiftung in Weimar regelmäßige Zuwendungen erhält. Paul Dessau und Ruth Berghaus hinterlassen bei ihren Besuchen in Pankow jedes Mal «unter den Büchern einen großen Schein»[120].

Knapp zwei Jahre lang leben die Müllers wie Ausgestoßene. Hörspiele für den Berliner Rundfunk, zum Teil unter Pseudonym verfaßt, dazu DEFA-Szenarien sichern das Überleben. Das Kriminalhörspiel *Der Tod ist kein Geschäft*, in der Regie von Hans Knötzsch am 1. November 1962 ausgestrahlt, erzählt im Stil des «schwarzen» amerikanischen Kriminalromans vom Kampf zweier Verbrechergruppen um die Vorherrschaft im Vergnügungsgeschäft von Las Vegas: Ein Versuch, Brechts «Arturo Ui» beim Wort zu nehmen. Als Autor zeichnet *Max Messer*. Es folgen die Kinderhörspiele *Aljoschas Herz* (nach der gleichnamigen Erzählung von Michail Scholochow), gesendet am 10. Dezember 1962, und *Der Kamelaugebrunnen*, bearbeitet zusammen mit Inge Müller nach Tschingis Aitmatow (18. Dezember 1963). Auch an Carlos Raschs utopischem Hörspiel *Sierra an Meridian* (3. Dezember 1964) hat Müller mitgearbeitet. Weitere Einkünfte verschafft ihm der frühere Dramaturg des Gorki-Theaters, Hans Kohlus, mit Exposéaufträgen für nie zustande gekommene Fernsehspiele. Außerdem verfaßt er das Skript für einen Fernseh-Dokumentarbericht über westdeutsche Schulbücher und den Text zu einem Dokumentarfilm, der *in Buchenwald als Teil des Besucherprogramms gezeigt wurde*[121]. Inge Müller schreibt Kindergeschichten, Tiergeschichten in Versen und produziert pädagogische Dia-Serien. Dennoch gehört der Besuch des Gerichtsvollziehers zum Alltag dieser Jahre.

Bis ein DDR-Theater *Die Umsiedlerin* spielen kann, müssen fünfzehn Jahre vergehen. Unter dem (erzwungenen) neuen Titel *Die Bauern* inszeniert Fritz Marquardt das Stück 1976 an der Berliner Volksbühne. Konsequenzen für Autor oder Regisseur

Marie Gruber und Siegfried Thomas Förster
in B. K. Tragelehns «Umsiedlerin»-Inszenierung
am Staatstheater Dresden, 1985

entwickeln sich daraus nicht. Rainer Kerndl kann das Stück im «Neuen Deutschland» gelassen als «in metaphorischer Verknappung aufgeschriebene Historie von gesellschaftlicher Revolution und individueller Umwandlung am Beispiel eines Dorfes» interpretieren.[122]

Nicht zuletzt bedingt durch die finanzielle Misere, kommt es in den sechziger Jahren in der Ehe von Inge und Heiner Müller, die literarisch mehr und mehr getrennte Wege gehen, zu

Krisenerscheinungen. «Irgendwie», sagt ihr Sohn Bernd, sei Inge «beim Arbeitstempo Heiners zurückgeblieben. Sie hätte nun seiner Stütze bedurft. Aber da war nichts.»[123] Inge fühlt sich zunehmend allein gelassen, klagt über mangelnde Zuwendung. Die häufige Abwesenheit ihres Mannes läßt sie Trost und Ablenkung in anderen Beziehungen suchen. Zur Eskalation kommt es immer wieder aufgrund von Inges Vorgeschichte: Sie leidet seit Jahren an manischen Depressionen und hat bereits in Lehnitz mehrere Selbstmordversuche unternommen. Heiner Müller, sagt sein Adoptivsohn, sei ein wesentlicher Grund dafür gewesen.[124] 1966 bereitet Müller seinen Auszug vor. *Das Zusammenleben mit ihr war für mich inzwischen auch ein Arbeitsproblem geworden. Ich konnte in unserer Wohnung nicht mehr arbeiten.*[125] Als er am Abend des 1. Juni mit einer unvorhergesehenen Verspätung nach Mitternacht zurück nach Pankow kommt, findet er seine Frau mit einer Gasvergiftung tot auf dem Boden liegend. Im Text *Todesanzeige* von 1975 greift er diesen Moment auf.

Nach dem Tod seiner Mutter zieht Bernd Müller aus der elterlichen Wohnung in Pankow aus, schlägt sich als Bühnenarbeiter am Deutschen Theater, Schauspieler und Regieassistent durch. Seinen Adoptivvater hat er danach kaum noch gesehen. Er lebt heute als Holzschnitzer in Kuhhorst bei Fehrbellin.

«Sie war tot, als ich nach Hause kam. Sie lag in der Küche auf dem Steinboden, halb auf dem Bauch, der Kopf in der Nähe der Tür. Ich bückte mich, hob ihr Gesicht aus dem Profil und sagte das Wort, mit dem ich sie anredete, wenn wir allein waren. Ich hatte das Gefühl, daß ich Theater spielte. Ich sah mich, an den Türrahmen gelehnt, halb gelangweilt belustigt einem Mann zusehen, der gegen drei Uhr früh in seiner Küche auf dem Steinboden hockte, über seine vielleicht bewußtlose vielleicht tote Frau gebeugt, ihren Kopf mit den Händen hochhielt und mit ihr sprach wie mit einer Puppe für kein andres Publikum als mich. Ihr Gesicht war eine Grimasse, die obere Zahnreihe schief in dem aufgeklappten Mund, als ob der Kiefer ausgerenkt wäre. Als ich sie aufhob, hörte ich etwas wie ein Stöhnen, das mehr aus ihren Eingeweiden als aus ihrem Mund zu kommen schien, jedenfalls von weit. Ich hatte sie schon oft wie tot daliegen sehen, wenn ich nach Hause kam, und aufgehoben mit Angst (Hoffnung), daß sie tot war und der schreckliche Laut klang beruhigend, eine Antwort.»

(«Todesanzeige»; T 5, 31f.)

Rückkehr

Versuche in Opportunismus

Knapp zwei Jahre nach seinem Ausschluß aus dem Schriftstellerverband kommt es auf einer Kulturkonferenz zu einer Begegnung Müllers mit Kurt Hager, dem Leiter der ideologischen Kontrollkommission beim Politbüro, in deren Verlauf Hager ihn ermuntert, *doch mal ein Poem* zu schreiben[126]: ein Signal, daß der Bannfluch der Partei gelockert werden könnte. So kann in Heft 6 / 1963 der Zeitschrift «Forum», dem vierzehntägigen «Organ des Zentralrats der FDJ», nach langen Jahren wieder einmal ein literarischer Text Heiner Müllers erscheinen. Das Poem *Winterschlacht 1963* beschäftigt sich mit einem Generatorenschaden im Kraftwerk Elbe, der durch den gemeinsamen Einsatz von deutschem und sowjetischem Militär, Arbeitern und Bauern behoben werden kann. Es ist Müllers Freund Heinz Nahke, der damalige Chefredakteur des «Forum», der ihn zur poetischen Gestaltung dieses Falls von beispielhafter Solidarität überredet. Der Text verhilft Müller zu zwei weiteren, nicht minder opportunistischen Beiträgen im «Forum». *Fragen für Lehrer* (Heft 13 / 1963), wiederum eine Auftragsarbeit für Nahke, ist ein aufdringlich didaktisches Poem mit Kritik am Volksbildungsminister, der freilich *schon auf dem Schleudersessel* sitzt.[127] Im dritten im «Forum» veröffentlichten Poem, *Dt 64* (Heft 11 / 1964), geht es um das Deutschlandtreffen der FDJ im Mai 1964 mit 500 000 Teilnehmern.

Das Verhalten wird belohnt: 1964 erhält Müller im Kollektiv die «Erich-Weinert-Medaille», den vom Zentralrat gestifteten Kunstpreis der FDJ. Das Bekenntnis zur Partei, der Verzicht auf die Darstellung gesellschaftlicher Widersprüche, der klare Standpunkt gegenüber dem Klassenfeind im Westen, all das hilft Müller, wieder in den Literaturbetrieb einzusteigen, die kulturpolitischen Freiräume auszuloten, allmählich zu erweitern und – für Müller entscheidend – seine Rückkehr auf die

Bühne vorzubereiten. Mit dem Stück *Der Bau* unternimmt er anschließend einen letzten (und langandauernden) Versuch, sich im Genre des sogenannten Produktionsstücks auf kritische Weise mit dem Alltag und der Gegenwart der DDR auseinanderzusetzen.

Der Auftrag kommt vom Deutschen Theater; der Stoff hat Müller *von Anfang an* nicht interessiert. Aber es ist *der einzige Stoff, an dem ich arbeiten durfte*[128]. *Der Bau* spielt im Jahr 1961 auf der Großbaustelle eines Chemiekombinats der DDR. Vorlage für den Einakter ist Erik Neutschs 900-Seiten-Roman «Spur der Steine», für den der Autor 1964 den Nationalpreis erhält. Neutsch hat die Zeichen der Zeit, die neue kulturpolitische Orientierung der SED nach dem VI. Parteitag 1963, erkannt und die gutgemeinte Kritik an Fehlentscheidungen der Planwirtschaft, am Dogmatismus leitender Parteimitglieder und an falschen Arbeitsnormen in den Mittelpunkt seiner Geschichte gerückt. Sein Held ist ein intelligenter, undogmatischer Parteisekretär, der eine anarchisch-wilde Zimmermannsbrigade zu engagierten Sozialisten erzieht und gleichzeitig die irrigen Absichten der Ministerialbürokratie und das unbedingte Festhalten der Bauleitung am Plan kritisiert und schließlich durchkreuzt. Gleichzeitig, und das macht den Roman interessant, zeigt Neutschs Held menschliche Schwächen, die mit der Parteidisziplin unvereinbar sind: Als verheirateter Mann schwängert er eine Ingenieurin und verstößt so gegen die damaligen Maßstäbe sozialistischer Moral. Die Parteileitung degradiert ihn daraufhin zum Hilfsarbeiter; als er sich einen weiteren «Fehler» erlaubt, erhält er Baustellenverbot.

Müllers Bearbeitung entsteht, wie er selbst berichtet, parallel zur Verfilmung des Buchs durch Frank Beyer. Obgleich Film und Stück fast gleichzeitig verboten werden, gibt es zwischen beiden keinen Zusammenhang. Am 6. April 1964 kommt es zu einem Vertragsabschluß mit Henschel Schauspiel. Bis 1975 entstehen nicht weniger als sieben Fassungen, in denen Müller zum einen auf die massive Kritik an seinem Stück reagiert, in denen sich aber zugleich das Bemühen um einen weiterführenden dramatischen Ansatz und die Herausstellung des eigenen politischen Standorts manifestieren.

Gegenläufig zur Doktrin des «Bitterfelder Wegs», der die künstlerische Überhöhung der Arbeit propagiert, stellt Müller stärker als zuvor Konflikte und Widersprüche in den Mittelpunkt seiner Szenenfolge. In rasch wechselnden Einstellungen verweist er auf Diskrepanzen zwischen Anspruch und Wirklichkeit, zeigt das Fortbestehen der Entfremdung und damit auch die Wiederentstehung beseitigt geglaubter Strukturen. Für Barka, den Brigadeleiter, bleibt der Kommunismus eine Vision, die er nicht mehr erleben wird: *Ich bin der Ponton zwischen Eiszeit und Kommune.*[129] Dieser Verweis auf den Übergangscharakter der DDR-Gesellschaft wird zu diesem Zeitpunkt jedoch nicht mehr gern gehört, weil er der Behauptung der Parteiführung widerspricht, daß es sich bei dem real existierenden Sozialismus um eine entwickelte, eigenständige historische Gesellschaftsstufe handle. Als ein Vorabdruck des Stücks im April 1965 in der Zeitschrift «Sinn und Form» erscheint, bleiben die entsprechenden publizistischen Reaktionen nicht aus. Vorerst läuft die Probenarbeit allerdings weiter, als Premierentermin wird inzwischen der Sommer 1966 in Erwägung gezogen.

Doch dann kommt, ein Jahr nach Chruschtschows Sturz, das berüchtigte 11. Plenum der SED vom 15. bis 18. Dezember 1965, Höhepunkt der gewaltsamen Disziplinierung der Künstler und Intellektuellen durch die Partei. Auf dieser Vollversammlung des Zentralkomitees, auf der das Politbüro seinen Rechenschaftsbericht vorlegt, wird Front gegen «Liberalismus und Skeptizismus», mithin gegen all jene gemacht, die es an sozialistischer Moral und Humanität oder, «unter Mißachtung der Dialektik der Entwicklung», am nötigen Aufbau-Enthusiasmus mangeln lassen und statt dessen zu westlicher «Enthemmung und Brutalität» oder zur «Verabsolutierung der Widersprüche» neigen. Es ist ein Rundumschlag gegen die Künstler, seien es nun Autoren von literarischen Werken, Filmen, Rundfunksendungen oder Interpreten neuer Unterhaltungsmusik. Neben Müller müssen sich unter anderen auch die «Schwarzmaler» und «Zweifelsüchtigen» Peter Hacks («Moritz Tassow»), Wolf Biermann («Die Drahtharfe»), Stefan Heym («Der Tag X»), Manfred Bieler («Maria Morzeck oder Das Kaninchen bin ich») und Robert Havemann («Marxismus ohne Dogma») die Leviten lesen lassen. Erich Honecker, der diesmal den Bericht des Politbüros vorträgt, erläutert, daß in einer Reihe von jüngeren Kunstwerken die sozialistische Wirklichkeit fälschlicherweise «als schweres, opferreiches Durchgangsstadium zu einer illusionären schönen Zukunft» erscheine, als «Fähre zwischen Eiszeit und Kommunismus» – womit er jenen Kernsatz aus *Der Bau* zitiert.[130]

Wolf Biermann, um 1961

Peter Hacks in seiner Wohnung Schönhauser Allee, 1968

Die Inszenierung von *Der Bau* wird daraufhin nach der ersten Probenwoche abgebrochen. Mit einer neuen Fassung von April/Mai 1966 reagiert Müller unmittelbar auf das Aufführungsverbot und die Kritik am Zeitschriftenvorabdruck. Bühnenwirksamkeit erlangt allerdings nicht diese korrigierte, sondern die vierte Fassung des Stücks. Sie erscheint 1975 auch in einer Werkauswahl. Dieser vom Ministerium für Kultur genehmigte *Stücke*-Band eröffnet die Chance, auch die Vervielfältigung eines Bühnenmanuskripts und damit das Vertriebsrecht zu erwirken, was von Henschel Schauspiel unter dem Datum des 15. Juli 1977 versucht wird – drei Jahre vor der Uraufführung, die erst am 4. September 1980 an der Volksbühne erfolgen kann; Regie führt Fritz Marquardt. Die Inszenierung wird ein Erfolg, selbst bei linientreuen Theaterjournalisten der DDR-Presse. Die Stimmung hat sich geändert: Was 1965 unaussprechbar schien, stößt fünfzehn Jahre später auf breite Zustimmung. Dieter Krebs in der «Berliner Zeitung» vom 9. September 1980: «Heiner Müller handelt über einen revolutionären Prozeß, der im Bauschlamm von Leuna seine Wirklichkeit, im Aufbau des Kommunismus sein Ideal hat.»

Das fünfzehnjährige Verbot hat das Stück *Der Bau* dennoch zum Schlußstein von Müllers Produktionsstücken gemacht; sein Versuch einer allmählichen Wiedereingliederung ist damit 1966 fürs erste abgebrochen. Erneut sieht er sich isoliert; neue Arbeitsaufträge gibt es kaum. Günter Hauk, musikalischer Leiter des Maxim-Gorki-Theaters, verschafft ihm 1967 Einkünfte, indem er ihn an Nachdichtungen amerikanischer Protestsongs von Bob Dylan, Pete Seeger, Woody Guthrie, Tom Paxton und anderen für ein literarisch-musikalisches Programm mit dem Titel «Liebeslieder für das andere Amerika» mitwirken läßt, das anschließend auch auf Schallplatte erscheint. Musikalischer Mitarbeiter von Hauk ist Müllers Frankenberger Bekannter Fritz Grabner, der auch bei der Einstudierung behilflich ist.

Kopien, Bearbeitungen, Adaptionen

Weil die Stücke, in denen er sich auf direkt-realistische Weise mit dem sozialistischen Alltag oder der jüngsten Vergangenheit beschäftigt, entweder, wie *Lohndrücker* und *Korrektur*, nicht mehr, oder, wie *Umsiedlerin* und *Bau*, noch nicht gespielt werden, versucht Müller Mitte der sechziger Jahre, sich durch Bearbeitung antiker Dramen Zugang zur Bühne zu verschaffen. Allerdings sind es nicht erst die Verbote, die Müller auf die Spur des Mythos bringen. Der Rückgriff auf vorgeformte Stoffe ist für ihn eine Arbeitshilfe, da er den Schreibprozeß verkürzt.

Hauptvorzug der antiken Modelle ist die Direktheit, Einfachheit und Durchsichtigkeit, mit der sie die menschlichen Beziehungen und die gesellschaftlichen Bewegungsgesetze darstellen. Müllers Eingriffe sind durch sein Hauptinteresse bestimmt. Alle Elemente, die die Brutalisierung und Pervertierung des Menschen durch den Krieg verdeutlichen, werden von ihm übernommen; seine Betonung des Archaischen läßt die Welt des griechischen Altertums erschreckend und befremdend erscheinen. Gleichzeitig sorgt er für eine weitgehende Entmythologisierung und -heroisierung. Im Zentrum seiner Bearbeitungen steht die große Persönlichkeit. Hauptthemen seiner modernen Versionen sind die Unmöglichkeit des Individuums, sich aus den Kriegen der Völker und der Klassen herauszuhalten, und die Auflehnung des Menschen gegen die göttliche Ordnung.

Mit Müllers Antike-Modellen erfolgt der Durchbruch im Westen. Während dort von 1957 bis 1968 nur zwei seiner Stücke gespielt werden, kommt es zwischen 1969 und 1975 allein in der Bundesrepublik zu 17 Inszenierungen. Für westliche Leser und Zuschauer ist der von Müller intendierte politische Gehalt freilich schwer zu erfassen, meist verkürzt die Interpretation seine dialektische Betrachtungsweise auf Antistalinismus. Umgekehrt gestattet die Parabelform, Müllers Bearbeitungen in DDR-Inszenierungen abstrakt als Stücke über Macht und Machtmißbrauch zu lesen.

Für *Philoktet*, ein im wesentlichen zwischen 1958 und 1964 entstandenes Dreipersonenstück aus dem Stoffkreis des Trojanischen Kriegs, ist Sophokles' Drama die Vorlage, von der Müller wenig mehr als die Rahmenhandlung übernimmt. In seiner Version sind es drei Feinde, die auf einer wüsten Insel zusammentreffen. Alle drei, so Müller in einem Notat, seien *Clowns und Gladiatoren ihrer Weltanschauung*; der Ablauf *zwangsläufig nur, wenn das System nicht in Frage gestellt wird.*[131]

Auch bei Sophokles findet sich schon der zentrale Konflikt zwischen den Erfordernissen des Staates und den Ansprüchen des Individuums. Müller geht es jedoch nicht um das Mitgefühl des Publikums für die Titelfigur, sondern um den Nachvoll-

Helmut Griem und Martin Benrath in Hans Lietzaus «Philoktet»-Inszenierung, München 1968

zug der Gewaltmechanismen, die am Ende eskalieren. So entsteht ein Stück von unbarmherziger Gegenwärtigkeit.

Gleich nach Fertigstellung wird das Stück im Maiheft 1965 von «Sinn und Form» und anschließend in «Theater heute» gedruckt, 1966 erscheint es in der edition suhrkamp. Die Uraufführung erfolgt am 13. Juli 1968 durch Hans Lietzau am Residenztheater in München. Müller erscheint sie *zu artifiziell und zu angestrengt*[132]: Wie in anderen westlichen Inszenierungen ist Odysseus der stalinistische Schurke. Doch gerade Lietzaus clowneske Inszenierung macht Müller nun auch im Westen bekannt; innerhalb der nächsten sieben Jahre folgen neun weitere Inszenierungen. In der DDR dauert es noch bis zum Mai 1974, ehe die Studiobühne der Karl-Marx-Universität Leipzig eine Aufführung wagt. Die eigentliche DDR-Erstaufführung kommt 1977 am Deutschen Theater als Projekt der drei Schauspieler Alexander Lang, Christian Grashof und Roman Kaminski zustande.

Zwischen 1964 und 1966 entsteht *Herakles 5* – gemessen am tragischen *Philoktet* ein derbes Satyrspiel, mit der Bildlichkeit eines Comic strip. Auch die Sprache ist bewußt naiv-unfeierlich. Der Titel weist auf die fünfte mythische Arbeit des Herakles hin, die Säuberung des Augiasstalles. Es ist wieder ein Produktionsstück, doch diesmal eines vom mythologischen «Aktivisten», der ein außerordentlich irdisches Beispiel gibt, wie man die Welt durch frechen Mut verändern kann. Später reklamiert Müller einigermaßen ironisch für sich, er habe damit das erste Stück über Umweltverschmutzung geschrieben.[133]

1966 bearbeitet Müller Hölderlins «Oedipus der Tyrann». Im großen und ganzen hält er sich an seine Vorlage. Nur im griechischen Schicksalsbegriff weicht seine zurückhaltende Bearbeitung entscheidend von Hölderlins Übertragung ab: Verbrechen und Gewalt erscheinen hier als Folgen einer brutalen Weltordnung, die Hybris des Tyrannen von Theben wird nicht religiös, sondern sozial bestimmt, der Kampf zwischen Mensch und Göttern ersetzt durch den Kampf zwischen Individuum und Gesellschaft. Beides verleiht dem Stück politische Aspekte, die in Benno Bessons Inszenierung, die am 31. Januar 1967 am Deutschen Theater uraufgeführt wird, allerdings – so Müllers Urteil – nicht wahrgenommen werden.[134] Gleichwohl findet er mit dieser Stückbearbeitung erstmals seit vielen Jahren in der DDR wieder öffentliche Aufmerksamkeit als Theaterautor.

Bei den Proben zu *Ödipus Tyrann* lernt Müller im Herbst 1966 Ginka Tscholakowa (geb. 1945) aus Stara Sagora in Bulgarien kennen, Studentin der Theaterwissenschaften an der Humboldt-Universität und Praktikantin am Deutschen Theater. Am 9. Juli 1970 heiraten beide in Sofia. Die Verbindung entwickelt sich zu einer nicht minder intensiven Arbeitsbeziehung, als es die mit Inge Müller war. Produktive Arbeitszusammenhänge gibt es vor allem bei den beiden gemeinsamen Inszenierungen *Der Auftrag* (1980) und *Macbeth* (1982) sowie bei den Übersetzungen aus dem Russischen: Tschechows Komödie «Die Möwe» (1971), Suchowo-Kobylins Farce «Tarelkins Tod» (1972) und Majakowskijs «Wladimir Majakowski Tragödie» (1983).

Porträt, 1965

Ende 1979 zieht das Ehepaar in eine Sechs-Zimmer-Wohnung im 14. Stock eines Plattenbaus Erich-Kurz-Str. 9, ein Neubaugebiet in Friedrichsfelde. Das Penthouse mit dem schwindelerregenden Balkonblick auf das Braunbären-Freigehege im Tierpark Ost weist mit den Jahren Bauschäden auf: Durch die Decke sickert Regenwasser, das in mehreren Blecheimern aufgefangen wird. Es handelt sich keineswegs um eine Luxuswohnung, die der Staat dem devisenbringenden Dichter zur Verfügung gestellt hat. Zu diesem Zeitpunkt neigt sich die Ehe allmählich ihrem Ende zu. Durch eine Affäre Müllers mit einer Schauspielerin der Volksbühne (*eine finstere Geschichte, auch eine finstere Dame* [135]) ist sie früh einer schweren Belastungsprobe ausgesetzt gewesen. Auch politisch ergeben sich mit den Jahren Reibungsflächen: Ginka wirft ihrem Mann vor, daß er sich auf das Spiel der Machthaber, sich die Loyalität der international anerkannten Autoren mit Privilegien zu erkaufen, eingelassen habe. Die Willfährigkeit mache ihn als moralische Instanz ungefährlich. Am 8. September 1986 wird die Ehe geschieden.

Prometheus. Nach Aischylos schreibt Müller 1967 / 68 für Fritz Marquardt, der das Stück mit Studenten in Potsdam auf die Bühne bringen will. Die Aufführung wird nicht genehmigt. Auch ein Versuch Marquardts, es 1971 an der Volksbühne durchzusetzen, scheitert am Verbot. Müllers Bearbeitung, eine *Gelegenheitsarbeit*, wie er selbst einräumt [136], basiert auf einer Interlinearversion von Peter Witzmann. Die Veränderungen gegenüber der Vorlage sind gering, seine Hauptarbeit gilt der Sprache. Was ihn interessiert, ist *der Widerspruch zwischen Leistung und Eitelkeit, Bewußtsein und Leiden, Unsterblichkeit und Todesangst des Protagonisten* [137]. So zeigt seine Version Prometheus nicht nur als leidendes Opfer, sondern auch als selbstbewußten Intellektuellen, der eigene Machtansprüche hegt. Das Verhältnis des oppositionellen Künstlers zum Staat bildet den Untergrund des Textes. Was Hermes provozierend zu Prometheus sagt, könnte auch ein Parteiideologe von Müller verlangen: *Wags, Dummkopf, wags einmal / Zum Gegenwärtigen passend zu denken.* [138]

Mit Günther Gaus, Herbert Sandberg und
Ginka Tscholakowa Ende der siebziger Jahre in Berlin

Zuerst gedruckt wird der Text 1968 in der Suhrkamp-Anthologie «Spectaculum». Die Uraufführung findet am 18. September 1969 am Zürcher Schauspielhaus statt, Regie führt Max P. Amman. Sie bleibt ohne nennenswertes Echo; bis zur nächsten West-Aufführung vergehen zehn Jahre. Zur DDR-Teil-Erstaufführung kommt es erst am 25. September 1974 an der Volksbühne Berlin, als Manfred Karge und Matthias Langhoff das Stück innerhalb des 2. Volksbühnenspektakels zusammen mit *Das Laken* inszenieren.

In Bulgarien schreibt Müller 1968/69, inspiriert von Livius, Corneille und Brecht, *Der Horatier*: ein Stück gegen parteiliche Beschönigung und Verklärung, dessen Titelheld aus einer Zwangslage als Sieger und Mörder zugleich hervorgeht. Zu lernen ist, daß das Widersprüchliche dieser Einheit immer bewußt bleiben muß, weil Geschichtslügen die Gesellschaft nicht zur Ruhe kommen lassen.

Müllers Vorlage ist eine antike Legende aus der römischen Frühzeit, ein Lehrstück über absolute Staatsloyalität. Zu Beginn hält er sich an das Gerüst der Fabel, reduziert die Zahl der Protagonisten jedoch und verändert den Ausgang, der in der antiken Sage mit blutiger Drastik belegt, daß der Dienst am Vaterland Respekt heischt und Vorrang vor den Bindungen der Familie hat. Bei Müller wird daraus ein Rechtsfall: Der Horatier hat den Fehler begangen, die Disziplin eines gerechten Kämpfers nicht zu beachten; als solcher wird er erst geehrt und dann mit unerbittlicher Konsequenz abgeurteilt. Seine Schuld wird durch sein Verdienst nicht aufgewogen. War die erste Tat für das Kollektiv überlebenswichtig, so diente die zweite der individuellen Befriedigung; wird er für die erste Tat gefeiert, so für die zweite hingerichtet. Was er selber nicht lernt, lernt der Zuschauer an ihm, zugunsten des gesellschaftlichen Konsensus und zugunsten der Zukunft, die nicht durch parteiliche Schönfärberei verstellt werden darf. Auch das neue Beispiel von «gerechter», «notwendiger» Gewalt bedeutet keine glatte Aufhebung von Widersprüchen, sondern ist geprägt durch Zwangslagen. In der Rechtsprechung über den Horatier bleibt so ein grausamer und beunruhigender Rest.

«Nämlich die Worte müssen rein bleiben. Denn
Ein Schwert kann zerbrochen werden und ein Mann
Kann auch zerbrochen werden, aber die Worte
Fallen in das Getriebe der Welt uneinholbar
Kenntlich machend die Dinge oder unkenntlich.
Tödlich dem Menschen ist das Unkenntliche.»
(«Der Horatier»; T 6, 53)

Noch weniger als *Philoktet* läßt sich *Der Horatier* lediglich als historische Momentaufnahme abbuchen. Der Versuch von Ruth Berghaus, das Stück 1969 am Berliner Ensemble zu inszenieren, wird von der SED-Bezirksleitung mit der Begründung unterbunden, *daß dies die Prager Position wäre, die Forderung: Intellektuelle an die Macht*[139]. Die Uraufführung erfolgt am 3. März 1973 in der Werkstatt des Schillertheaters in Westberlin durch Hans Lietzau. In der DDR kommt das Stück erst 1988, als Teil von Müllers eigener *Lohndrücker*-Inszenierung am Deutschen Theater, zur Aufführung.

Kopien und Variationen fremder Vorlagen gehörten von Anfang an zu Müllers dramatischem Programm. Zwischen 1961 und 1972, als in der DDR keines seiner größeren Stücke gespielt wird, müssen diese Arbeiten freilich vor dem Hintergrund seiner anhaltenden Bühnenabstinenz gesehen werden. Es sind Brotarbeiten eines Dramaturgen, die er sich nicht aussuchen kann. Gleichzeitig mit den antiken Klassikern bearbeitet er 1968 für das Deutsche Theater *Saison im Kongo*, Aimé Césaires semi-dokumentarisches szenisches Epitaph auf Patrice Lumumba, den gestürzten und ermordeten Ministerpräsidenten der Demokratischen Republik Kongo. Zusammen mit Benno Besson übersetzt er Molières *Don Juan oder Der Steinerne Gast*. Das Stück, in dem Don Juan eine heitere Höllenfahrt erlebt, gehört zu den häufiger gespielten Übersetzungen, der Premiere im Deutschen Theater am 22. April 1968 folgen bis heute zahlreiche Neuinszenierungen. Nicht so erfolgreich ist dasselbe Übersetzerteam mit Molières *Der Arzt wider Willen* (Erstaufführung an der Volksbühne Berlin am 30. Dezember 1970).

1967/68 schreibt Müller zusammen mit Ginka Tscholakowa, nach Jewgenij Schwarz und unter Verwendung von Motiven Hans Christian Andersens, das Libretto zur Oper *Lanzelot*, die im Dezember 1969 an der Deutschen Staatsoper mit der Musik von Paul Dessau in der Regie von Ruth Berghaus uraufgeführt wird. Die Grundzüge der *Drachenoper*, wie Müller seinen Text betitelt hat, entsprechen Schwarz' 1943 entstandener, aber erst 1961 und außerhalb der Sowjetunion uraufgeführter antistalinistischer Parabel. Zugleich mit dem Stück erscheinen im Märzheft 1970 von «Theater der Zeit» Beiträge zum Werk und zur Aufführung sowie Müllers *Sechs Punkte zur Oper*, in denen der Autor seine thesenhaften Überlegungen unter Berufung auf gängige Schlagworterkenntnisse vorsichtig ausbalanciert: Dem provozierenden Satz *Was man noch nicht sagen kann, kann man vielleicht schon singen*, folgt unmittelbar ein Zitat aus einer Rede Walter Ulbrichts.

Für die Volksbühne übernimmt Müller 1969 zusammen mit Benno Besson, Dieter Klein und Karl-Heinz Müller die Adaption des Laienspiels «Horizonte» von Gerhard Winterlich, «Betriebsschreiber» des Eisenhüttenkombinats in Schwedt. Die Handlung besteht in einem Rollenspiel, das von der Gattin

Mit Paul Dessau und Ruth Berghaus bei der Probe zu «Lanzelot», Staatsoper Berlin 1969

des Werkdirektors während eines gemeinsamen Urlaubs inszeniert wird und in dem verschiedene Betriebsangehörige ihre vom Arbeitsalltag verdrängten Konflikte austragen. Besson ist so umsichtig, die Inszenierung als Kollektivwerk unter Einbeziehung der Partei anzulegen. Dennoch braucht das Stück sieben Fassungen, ehe es genehm ist. *Alles, was Ähnlichkeit mit wirklichen Vorgängen hatte, wurde eliminiert.*[140] Die Uraufführung erfolgt am 25. September 1969.

Im selben Jahr entsteht, nach Inge Müllers Hörspiel «Die Weiberbrigade», der Schwank *Weiberkomödie*, im Februar 1971 unter der Regie von Konrad Zschiedrich in Magdeburg uraufgeführt und am 25. Juni 1971 von Fritz Marquardt an der Volksbühne inszeniert. «Das Stück war eine Zangengeburt», erinnert sich Marquardt. Müller habe sich ausschließlich des Honorars wegen an die Arbeit begeben: «Der Auftrag kam vom Maxim Gorki Theater, und eine Dramaturgin hatte ihm monatelang im Nacken gesessen, man merkt das, er hat sich

Ursula Karusseit in Fritz Marquardts Inszenierung der «Weiberkomödie», Berlin 1971

manchmal in recht dünne Witze gerettet, und sein Interesse an dem Stück war erloschen, seit er das Geld dafür hatte.»[141]

Zu den Gelegenheitsarbeiten der sechziger Jahre gehört auch ein *Lenin-Lied*, erschienen am 15. März 1970 im «Neuen Deutschland», ein Freundschaftsdienst Müllers für Paul Dessau (keineswegs nur, weil er *Schulden* bei ihm hat[142]), der für ein Auftragswerk der Staatskapelle Berlin zu Lenins 100. Geburtstag und zum vierhundertjährigen Bestehen des Berliner Orchesters einen Text braucht, den Müller ihm auch prompt liefert. *Wenn ich den heute lese, sträuben sich meine Nackenhaare,* erklärt er 1990.[143] 1976 unterläuft ihm, wiederum in Zusammenarbeit mit Dessau, ähnliches: Die poetische Montage von Sätzen aus einer Honecker-Rede, uraufgeführt am 16. Mai 1976 zum IX. Parteitag der SED durch Chor und Sinfonieorchester des Rundfunks der DDR. «Chormusik Nr. 5 mit großem Orchester und Bass-Solo nach einer Rede unseres Ersten Sekretärs Erich Honecker gedichtet von Heiner Müller komponiert von

Paul Dessau», steht auf dem Widmungsexemplar. Sinnigerweise hat der Komponist die «Tonformel Es-E-D» in die Kantate gewoben.[144]

Ausgangspunkt für Müllers Bearbeitung von Brechts «Fatzer»-Fragment Mitte der siebziger Jahre ist eine Anfrage von Manfred Karge und Matthias Langhoff, die sich «Fatzer» als Ergänzung zu ihrer Hamburger Inszenierung von Kleists «Prinz von Homburg» wünschen. 1977 sieht Müller daraufhin im Brecht-Archiv das gesamte, in mehreren Fassungen überlieferte und auf einige hundert Manuskriptseiten verteilte Material ein. Brechts Erfahrung der Tragödie der deutschen Arbeiterbewegung im Zusammenhang mit der Ermordung von Rosa Luxemburg und Karl Liebknecht erscheint ihm als Kern des Stücks: Brecht habe gewußt, *daß das eine Enthauptung der deutschen Kommunistischen Partei, ihre Auslieferung an Lenin* gewesen sei.[145] Am 5. März 1978 geht die von ihm hergestellte Fassung erstmals über die Bühne des Hamburger Schauspielhauses.

Intensiv und nachhaltig wie sonst nur Brecht hat das Vorbild Shakespeare Müllers dramatisches Schaffen geprägt. Zwischen 1967 und 1985 entstehen fünf Adaptionen: Zunächst die genaue Übersetzung von «Wie es euch gefällt», vorgesehen für eine Inszenierung B. K. Tragelehns am Deutschen Theater (Uraufführung 1968 durch Hans Lietzau am Residenztheater München), 1971 dann eine freie Bearbeitung von «Macbeth», 1976/77 das Doppelprojekt «Hamlet. Prinz von Dänemark» und *Hamletmaschine*, 1984 schließlich *Anatomie Titus Fall of Rome Ein Shakespearekommentar.*

1976 kommt von der Volksbühne das Angebot, Shakespeares «Hamlet» zu übersetzen. Die Erstaufführung dieser Müllerschen Neufassung in Bessons Regie erfolgt am 14. April 1977. Der Regisseur Adolf Dresen und der Übersetzer Maik Hamburger, deren bei Henschel Schauspiel erschienene Übersetzung Müller benutzt hatte, strengen später in Leipzig einen Plagiats-Prozeß gegen Müller und Bessons damaligen Regieassistenten Matthias Langhoff an. Hamburger trägt vor, es sei unmöglich, in achtwöchiger Probenzeit eine eigenständige Übersetzung eines Shakespeare-Stücks herstellen zu können.

Der Prozeß wird auf höhere Weisung abgebrochen; durch Initiative von Henschel Schauspiel kommt es zu einer gütlichen Regelung.

Hinter der Bearbeitung von «Macbeth» steht der Wunsch, Shakespeare zu «verbessern»: Was Müller an der Vorlage insbesondere stört, ist die metaphysische Begründung der Vorgänge durch die Auffassung der Hexen als Vertreter des Bösen, die einen ursprünglich guten Menschen schicksalhaft verstricken und ins Verderben führen. Demgegenüber wertet Müller Macbeth nicht moralisch, als Schurken, sondern als tüchtigen Helfer seines Königs, der sich im Krieg durch Entschlossenheit auszeichnet, ehe er seine kriegerische Energie gegen den legitimen Herrscher wendet. Müllers Version macht überdies die sozialen Vorgänge sichtbar, vor deren Hintergrund er seine Protagonisten agieren läßt. Die schottischen Thronfehden deutet er als rücksichtslose Herrschaftskämpfe auf Kosten der Bauern und Soldaten, denen er – im Unterschied zu Shakespeare – Gestalt und Stimme gibt. Macht und Gewalt, so ist zu sehen, vermögen jedes Gesetz außer Kraft zu setzen. Revolutionen und Regierungen kommen und gehen, an der Lage des Volkes ändert sich, wem dabei auch immer der Sieg zufällt, nichts – eine provokante Lesart, die auf Dauer nicht unwidersprochen bleiben kann.

Ende 1971 liegt das Stück Henschel Schauspiel vor. Die Herstellung von Bühnenmanuskripten zur Versendung an die Theater ist genehmigungspflichtig; daher geht der Text am 7. Januar 1972 an das Ministerium für Kultur. In der Regie von Bernhard Bartoszewski gelangt das Stück am 11. März 1972 am Brandenburger Theater zur Uraufführung. Wenige Wochen später entfacht Hans Hollmann mit seiner Inszenierung in Basel einen Skandal: Foltern und andere Greuel hat er sorgsam stilisiert; wie beabsichtigt drängen sich so Assoziationen an die US-amerikanische Kriegsführung in Vietnam auf. Allerdings findet die Regie kein ästhetisch überzeugendes Konzept für die Darstellung von Gewalt und Grausamkeit. Geduld und Geschmack des Basler Premierenpublikums vom 22. März 1972 werden jedenfalls heftig strapaziert; während der Aufführung kommt es zu Tumulten. Danach jedoch wird das Stück mit anhaltendem Erfolg monatelang weitergespielt.

Es ist der Basler Skandal in Verbindung mit dem Stück-Abdruck in «Theater der Zeit» und «Theater heute», der in Ost und West bis in die Fachwelt hinein eine leidenschaftliche Debatte entfesselt. Schärfe bekommt der Meinungsstreit, als sich Wolfgang Harich einmischt. Wie einst Lukács gegen Brecht, so zieht nun der Lukács-Jünger Harich gegen Müller zu Felde, um ihm mit einer scharfzüngigen Polemik in «Sinn und Form» den Garaus zu machen – freilich mit viel gehässigeren Mitteln und in denunziatorischer Absicht. Harich wirft Müller «literarisches Schmarotzertum» und «modernistische Verramschung und Enthumanisierung des Kulturerbes» vor; seine angeblich ganz und gar unmotivierten Grausamkeits-Einblendungen seien bloß Anbiederungsversuche eines kulturellen Opportunisten gegenüber der westlichen Porno- und Grausamkeitswelle. Obendrein habe Müller mit *Macbeth* endgültig den Beweis für seinen «Geschichtspessimismus», für die «Abkehr von der Überzeugung, daß es sich um eine bessere Zukunft zu kämpfen lohnt», geliefert. Zudem sei seine Leistung als Übersetzer jämmerlich, jede seiner Verbesserungen bedeute in Wahrheit eine Verschlechterung der Vorlage.

In seiner eigenen *Macbeth*-Inszenierung, 1982 zusammen mit Ginka Tscholakowa an der Berliner Volksbühne, zeigt Müller den Zwangscharakter des Herrschaftssystems, die gegenseitige Abhängigkeit von Unter- und Oberschicht: Mit der Eliminierung des Volkes geht die Vernichtung des Herrschers einher. Als wesentlicher Eingriff erweist sich die Idee, den Darstellern fast durchweg mehrere Rollen zu übertragen und die Titelrolle mit drei Schauspielern zu besetzen. Premiere der dreieinhalbstündigen Aufführung ist am 21. September 1982. Das Spektrum der Theaterkritik reicht von verhaltener Zustimmung bis zu schroffer Ablehnung. Nicht wenige Kritiker zitieren genüßlich eine Replik Macbeths, mit der Müller/Tscholakowa das Stück beginnen lassen: *Ein Märchen erzählt / Von einem Irren, voll mit Lärm und Wut / Bedeutend nichts.*[146] Dennoch läuft das Stück mit 41 Vorstellungen bis zum 18. September 1985. Für den Regisseur Müller hat der politische Skandal um *Macbeth*, in den sich auch noch der Zentralrat der FDJ einmischt, Folgen: *Der Intendant bat mich, doch bitte so schnell nicht wieder zu inszenieren. Arbeitspausen waren in der DDR garantiert.*[147]

Harichs Polemik hat auch in der BRD die Aufmerksamkeit wieder auf Müller gelenkt, Regisseure und Theater interessieren sich für ihn. Die Reaktionen reichen von Begeisterung bis zu Verdrossenheit – Gleichgültigkeit ruft Müller nie hervor. Beginnend mit dem Frühjahr 1974 erscheint im Westberliner Rotbuch-Verlag eine von Müller selbst zusammengestellte elfbändige Werkausgabe nach dem Vorbild der Brechtschen «Versuche».

Theaterarbeit der siebziger Jahre

1970 legt Müller *Mauser* vor, den Bericht eines Genossen, der seine eigene Liquidierung gutheißt. Der Titel verweist auf die im Stück zur Exekution dienende, nach ihrem schwäbischen Konstrukteur benannte Waffe: ein unverändert durch verschiedene Hände gehendes, gleichbleibendes Instrument revolutionärer Gewalt. Der in Müllers Werk vielfach diskutierte Widerspruch, eine bessere Zukunft mit den grausamen Methoden der Vergangenheit aufbauen zu müssen, wird in *Mauser* nüchtern und unerbittlich auf ein extremes Modell reduziert und dem Publikum zur Diskussion überantwortet. Das Stück behauptet den Zusammenhang von Gewalt und Revolution, entscheidet die Diskussion darüber aber nicht, sondern stellt beides gegenüber: auf der einen Seite die radikaler nicht denkbare Selbstverleugnung des einzelnen im

«Chor
Wir fragen dich nicht, ob du sterben willst.
Die Wand in deinem Rücken ist die letzte Wand
In deinem Rücken. Die Revolution braucht dich nicht mehr.
Sie braucht deinen Tod. Aber eh du nicht Ja sagst
Zu dem Nein, das über dich gesprochen ist
Hast du deine Arbeit nicht getan.
Vor den Gewehrläufen der Revolution, die deinen Tod braucht
Lern deine letzte Lektion. Deine letzte Lektion heißt:
Du, der an der Wand steht, bist dein Feind und unserer.»
(«Mauser»; T 6, 55 f.)

Szenenfoto aus Müllers «Mauser»-Inszenierung am Deutschen Theater, 1991

Interesse der vom regelsetzenden Kollektiv vertretenen Notwendigkeit des geschichtlichen Fortschritts; auf der anderen Seite den Widerstand des Subjekts gegen seine Substitution unter ein lebensfeindliches Gesetz. *Mauser* kann weder als provozierendes Plädoyer für die Weisheit des Kollektivs noch als existentieller Aufschrei des betroffenen Individuums gelesen werden, sondern erhält seine Spannung aus der nicht vermittelbaren Konfrontation beider Perspektiven, die es in Frage stellt.

In mehrfacher Hinsicht bezieht sich Müller auf Brechts «Maßnahme» von 1930, jenes Stück also, dem Brecht 1956 in einem Gespräch mit Manfred Wekwerth attestierte, es stelle die Form für das Theater der Zukunft vor.[148] *Mauser*, so Müller in einem Gespräch mit Jacques Poulet am 14. Dezember 1978, sei ein Versuch, «Die Maßnahme» unter Berücksichtigung der Erfahrungen der sowjetischen Schauprozesse und des Terrors der Stalinzeit zu kritisieren und neu zu schreiben.[149]

Es ist Hans-Diether Meves, der das Stück 1972 im Rahmen einer «Woche des sowjetischen Gegenwartstheaters» in Magdeburg inszenieren will; wie Müller sich erinnert *mit Orgelmusik und weißen Gewändern als eine Art Liturgie*[150]. Zwei Wochen nach Probenbeginn wird die Aufführung vom Kulturministerium untersagt. Weil Meves sich weigert, die Proben abzubrechen, wird er als Generalintendant fristlos entlassen. Obendrein erhält er ein Parteiverfahren und wird aus der Bezirksleitung ausgeschlossen. Den DDR-Kulturfunktionären gilt das Stück als «konterrevolutionär»; überdies, so die Argumentation, habe es keinen Adressaten, denn es würden Dinge behandelt, die nicht Angelegenheit der DDR seien, weil es hier (als einzigem der sozialistischen Länder, wie man gern betont) keine stalinistischen Schauprozesse gegeben habe. Noch 1980 stößt eine Lesung im PEN-Zentrum der DDR bei allen Anwesenden, von Hacks bis Hermlin, auf geschlossene Ablehnung.[151] Bis zum Mauerfall bleibt das Stück verboten. Die Uraufführung (in einer englischen Fassung) erfolgt am 3. Dezember 1975 durch die Austin Theatre Group der University of Texas während einer Gastdozentur Müllers an der dortigen Universität. Regie führt Fred Behringer zusammen mit der Germanistikdozentin Betty Nance Weber. Die deutsche Erstaufführung von *Mauser* findet am 20. April 1980 in Köln statt. Aus dem vierzehnseitigen Text macht das Regieteam um Regisseur Christof Nel und seinen Dramaturgen Urs Troller einen «Abend in zwei Teilen über Erinnern und Vergessen».

Müllers Rehabilitation als Theaterautor in der DDR wird möglich aufgrund der Ablösung Ulbrichts durch Honecker (Mai 1971) und der kontrollierten Liberalisierung, die auf den VIII. Parteitag der SED im Juni 1971 folgt. Ulbrichts Phantom der bereits vollendeten «sozialistischen Menschengemeinschaft» wird eine Absage erteilt und statt dessen der Sozialismus als erste Phase der kommunistischen Gesellschaft, nicht als eigenständige Formation bestimmt. Als Ruth Berghaus 1970 von Manfred Wekwerth die Intendanz des Berliner Ensembles übernimmt, holt sie Müller im selben Jahr als Dramaturg und Hausautor an die Brecht-Bühne. Nach zwanzig Jahren geht sein Traum, Mitarbeiter des Theaters am Schiffbauerdamm zu werden, in Erfüllung.

Fjodor Gladkow: Zement. Roman. Wien–Berlin: Verlag für Literatur und Politik. Exemplar aus Müllers Nachlaßbibliothek

Müllers erste Arbeit ist die Adaption des Romans «Zement» von Fjodor V. Gladkow, den er 1949 gelesen hat. Das Buch erzählt von Beziehungen zwischen Männern und Frauen, Revolutionsbefürwortern und -gegnern, bürgerlicher Intelligenz und Arbeitern und von den Konflikten, die sie bewegen. Zugleich liefert Gladkow einen Bericht aus den Anfangsjahren der von Bürgerkrieg, Intervention und Blockade verwüsteten jungen Sowjetunion, als der Hunger zum Alltag weiter Bevölkerungskreise gehörte. Die Handlung umfaßt die Jahre 1920/21, die Zeit des Übergangs vom Kriegskommunismus (rigide staatliche Kontrolle aller Betriebe, Pflichtablieferung von Getreide und Futterpflanzen) zur «Neuen Ökonomischen Politik», als in Konsequenz der ökonomischen Rückständigkeit Rußlands während sechzehn Jahren die Existenz privater Produktions- und Handelsbetriebe geduldet wurde. Daraus ein Stück zu machen, geht auf einen Plan Müllers aus den fünfziger Jahren zurück. Aber erst als er im Herbst 1971 den Arbeitsauftrag erhält, setzt er zur Realisierung an.

Zement ist ein Geschichtsdrama aus der schwierigen Aufbauzeit der Sowjetunion, aber im Mittelpunkt steht der durch die sozialistische Revolution herbeigeführte Umsturz in den Geschlechterbeziehungen, das Hinfälligwerden der bürgerlichen, auf Besitz- und sonstigen Abhängigkeitsverhältnissen gegründeten Ehe. Ein knapper Blankvers, immer wieder von

Prosa durchbrochen, kombiniert archaische Ausdrücke mit zeitgenössischer Umgangssprache. Auf der Suche nach poetischen Bildern der neuen gesellschaftlichen Verhältnisse greift Müller zu überlieferten, mythologischen Darstellungen, die den neuen Erfahrungen ähneln und doch anders sind, sie von daher zugleich spiegeln und neuartig beleuchten. Von diesem Kunstgriff, der verfremdenden Einschaltung selbständiger Texte (*Intermedien*), macht Müller an drei Stellen Gebrauch. Es sind die unerschöpflichen Interpretationsmöglichkeiten solcher Szenen, die *Zement* historische und philosophische Tiefe verleihen. Im Kontext andersartiger, gegensätzlicher gesellschaftlicher Voraussetzungen verhalten sich diese mythologischen Grundsituationen wie an das Stück angeschlossene Aggregate, die sowohl den Text mit Energie aufladen als auch umgekehrt von ihm mit Bedeutung aufgeladen werden. Die Integration solcher ‹Fremdtexte› wird von nun an zu einem wesentlichen Gestaltungsmittel von Müllers Arbeit.

Mitten in den Proben kommt vom Ministerium der schriftliche Bescheid, die Produktion müsse um mindestens ein Jahr verschoben werden.[152] Die Kulturfunktionäre, klüger als der Autor, lesen das Stück als ein Reflektieren bürokratischer Stagnation und als Beschreibung der maroden Wirtschaft in den sozialistischen Staaten. In weiser Voraussicht hat Ruth Berghaus jedoch die Gründung eines «Parteiaktivs Zement» am Berliner Ensemble veranlaßt: Die Proben werden von zahlreichen Diskussionen innerhalb und außerhalb des Theaters begleitet, viele Gespräche mit Mitgliedern einer sozialistischen Brigade, mit Oberschülern, mit Partei- und Staatsfunktionären finden statt; Erfahrungen und Erkenntnisse der Inszenierungsarbeit werden schriftlich ausgewertet. Parallel zum Verbot durch das Ministerium geht dann, verbunden mit einer Ergebenheitsadresse, ein Bericht des Parteiaktivs an Staats- und Parteichef Erich Honecker. So kann das Stück mit der Musik von Paul Dessau schließlich am 12. Oktober 1973 am Berliner Ensemble uraufgeführt werden. *Zement* bringt Müller hohe staatliche Ehren: Am 29. September 1975 erhält er aus der Hand von Kulturminister Hoffmann den Lessing-Preis.

Im April 1977 wird Ruth Berghaus aufgrund einer Intervention der Brecht-Tochter Barbara Schall als Intendantin des Berliner Ensembles von Manfred Wekwerth abgelöst. Heiner Müller geht nun als künstlerischer Berater an die Berliner Volksbühne, die schon vorher zu einem wichtigen Transformator für ihn geworden ist. 1974 war hier Benno Besson vom künstlerischen Leiter, der er seit 1969 war, ins Amt des Intendanten befördert worden. Mit der gleichzeitigen Verpflichtung von Manfred Karge, Matthias Langhoff und Fritz Marquardt als Hausregisseure eröffnet sich für Müller die Möglichkeit, alte Texte, an deren Bühnenrealisierung er aus inhaltlichen wie formalen Gründen kaum noch geglaubt hat, für das Theater aufzubereiten. Damit beginnt für ihn eine der fruchtbarsten Arbeitsphasen als Dramatiker, Dramaturg und Regisseur; auch noch als Intendant Besson am 25. April 1978 von Fritz Rödel abgelöst wird, weil, wie Tragelehn erläutert, «zu viel Müller im Spielplan» gestanden habe.[153]

1974 collagiert Müller sechs Einzelszenen, die überwiegend im Jahr 1951 entstanden oder skizziert worden sind, zu einer knappen Szenenfolge, der er den Titel *Die Schlacht. Szenen aus Deutschland* gibt. «Zündfunke» ist die Inszenierung der Szene *Das Laken oder Die unbefleckte Empfängnis* durch Langhoff und Karge im Rahmen des 2. Volksbühnen-«Spektakels» am 25. September 1974. (Voran ging eine Inszenierung von Christoph Schroth in Buna im Rahmen eines Programms zum siebzehnten Jahrestag der DDR am 7. Oktober 1966.) Diese Aufführung beweist Müller, daß sich auch für seine nur halb realisierten oder bloß projektierten Stückpläne szenische Lösungen finden lassen. Bis dahin hatte er *keine Vorstellung davon, wie man so etwas auf dem Theater machen kann, auch keine Vorstellung von einer Dramaturgie für solche Szenen*[154].

Die Schlacht zeigt in fünf selbständigen ‹Einaktern› individuelles Verhalten unter den Bedingungen der nationalsozialistischen Gesellschaft und in der Extremsituation des Krieges. Müller entwirft zugespitzte Zwangslagen, in denen Schuld kaum noch eindeutig zugeteilt werden kann. Differenzierter und dialektischer als dies Brecht in «Furcht und Elend des

Dritten Reiches» gelungen war, verfolgt er «die Widersprüche dieser Zeit bis in ihre feinsten subjektiven Verästelungen»[155]. Eine Vielzahl von Beispielen verdeutlicht die Verstrickung von Arbeitern, Soldaten, Bürgern und Geschäftsleuten in das System von Lüge, Terror und Mord oder die martialischen Konsequenzen aus solcher Verstrickung, zeigt, wie Menschen ihre Menschlichkeit verlieren, wenn sie sich mit der Diktatur einlassen. Es gibt keine Solidarität, *Die Schlacht* reicht bis in die Familie, verwandelt Brüder in Todfeinde, macht aus Frontsoldaten im russischen Winter Kannibalen, aus einem ‹ehrbaren› Bürger einen verblendeten Mörder, aus einem Fleischer einen «Menschenschlächter an der ‹Heimatfront›»[156], aus einer Gruppe von Bombenflüchtlingen egoistische Konkurrenten, die ihr Verhalten in wechselnden Allianzen dem Stärkeren anpassen und einander rücksichtslos verleugnen. Die Perspektive der Opfer zeigt sich in brutal unterdrückten Ansätzen von Widerstand.

Die revueartige Szenenabfolge beginnt mit der Nacht des Reichstagsbrandes am 27. Februar 1933 und endet mit der Befreiung Berlins durch die Rote Armee im April 1945. Eine ursprüngliche Verlängerung bis zum Juni 1953 macht Müller rückgängig; dieser Text, Allegorie für die andauernde Spaltung der Arbeiterbewegung, wird später Teil von *Germania Tod in Berlin.* So läßt sich *Die Schlacht* interpretieren als Erinnerung an ‹Vorgeschichte›, die mit Gründung der DDR definitiv abgeschlossen worden ist.

Zündstoff bietet das Stück wegen Müllers verquerer Sicht (quer zur Sicht der Partei) von Nationalsozialismus und proletarischem Widerstandskampf. An der Volksbühne weiß man mit offiziellen Bedenken jedoch umzugehen: *Es gab im Vorfeld Diskussionen im Patenbetrieb des Theaters, dem Glühlampenwerk NARVA.* Außerdem wird das Stück in den ersten Aufführungen aus taktischen Gründen noch mit *Traktor* kombiniert; so ist es spielbar: Gegen *die alten Greuel* in *Schlacht* steht *die Geburt des Neuen* in *Traktor. Es gab wie üblich die Empfehlung, das Stück nicht zu machen, aber kein Verbot.*[157]

Das im wesentlichen zwischen 1955 und 1961, also zu-

> «SCHLIESSER Das Barometer
> Steht auf veränderlich seit gestern. Hier.
> *Steckt dem Neuen eine Packung Zigaretten zu. Ab. […]*
> *Volkslärm von draußen. Klopfchor im Gefängnis,*
> *der während des folgenden anhält.*
> BRÜCKENSPRENGER *am Fenster*:
> Jetzt dauerts nicht mehr lange.
> KOMMUNIST *am Fenster*: Was ist das?
> BRÜCKENSPRENGER Das ist der Volksaufstand.
> KOMMUNIST Die sind besoffen
> BRÜCKENSPRENGER Sag das noch mal, du roter Hund.
> KOMMUNIST Von Freibier.
> *Der Brückensprenger schlägt den Kommunisten nieder.*
> NAZI Das ist der Brückensprenger. Sabotage.
> Arbeiterklasse. Er kann dir erzählen
> Wie euer Paradies von unten aussieht.»
> («Germania Tod in Berlin»; T 5, 69f.)

gleich mit *Die Umsiedlerin* entstandene Stück *Traktor* handelt erneut vom Überwinden der Aufbau-Schwierigkeiten, konkret von der Wiedergewinnung verminter Getreideanbauflächen. Am Beispiel eines Traktoristen, der abwägen muß zwischen lebenschützendem Egoismus und Dienst an der Gemeinschaft, untersucht es den Konflikt zwischen persönlichem Lebensglück und den Notwendigkeiten des sozialistischen Aufbaus. Auf den ersten Blick zeigt *Traktor* die Not und den Aufbauwillen der unmittelbaren Nachkriegszeit und welche Risiken der neue Anfang barg. Das konventionelle Schema vom positiven Helden ist scheinbar erfüllt. Faßt man das Geschehen in *Traktor* allerdings parabolisch auf, so stellt das Erbe der Vergangenheit eine latente Bedrohung dar: Auf gefährlichem Grund soll die Geschichte einen neuen Anfang nehmen. In diesem Licht erscheint *Minenpflügen* als Metapher für die vorerst noch auf der Tagesordnung stehende menschliche Arbeit, notwendig angesichts einer nicht bewältigten Vergangenheit.

Am 20. Mai 1975 geht das Manuskript von *Schlacht* zur Genehmigung an das Ministerium für Kultur, fünf Monate später, am 30. Oktober 1975, erfolgt in der Regie von Manfred Karge und Matthias Langhoff die Uraufführung an der Volksbühne, wo sich das Stück ein ganzes Jahrzehnt hindurch auf dem Spielplan halten kann. Mit einem Schlag ist Müller vom Ruf eines Autors befreit, der nur ein kleines Probebühnen-Publikum zu interessieren vermag. Die BRD-Erstaufführung erfolgt am 14. November 1975 am Deutschen Schauspielhaus Hamburg, Regie führt Ernst Wendt. Die Empörung bei den westdeutschen Aufführungen sei größer gewesen als in der DDR, sagt Müller später.

Als Stückprojekt älter, auch wenn die Vorarbeiten nicht ganz so weit in die fünfziger Jahre zurückreichen wie bei *Schlacht*, ist *Germania Tod in Berlin*. Die ersten Szenen sind 1956 entstanden; vollendet wird das Stück 1971, realisiert erst im Anschluß an *Schlacht*. Mit weitaus aufwendigeren szenischen Mitteln als zuvor bilanziert das Stück den Weg der deutschen Arbeiterklasse von 1918 bis 1953. Szenen von tiefem realistischem Gehalt verbinden sich mit Lesetexten, drastischen Allegorien und gespenstischen Intermezzi, Clownnummern, gro-

Szenenfoto aus Frank-Patrick Steckels «Germania»-Inszenierung, Bochum 1988

tesken Parodien, bizarren Pantomimen und anderen meist surreal verfremdeten Szenen aus Mythologie und Historie, die Müller im friderizianischen Potsdam, im Kessel von Stalingrad und im Führerbunker angesiedelt hat. Exakt in der Mitte der dreizehn Bilder steht die Szene *Die heilige Familie*, eine bitterböse Groteske auf die Entstehung der Bundesrepublik.

Germania Tod in Berlin ist auch der Versuch, die DDR vor dem Hintergrund deutscher «Vorgeschichte» in der Krisensituation des 17. Juni darzustellen. In dreizehn Bildern spannt Müller einen Bogen aus fünfunddreißig Jahren deutscher Geschichte, von der Novemberrevolution 1918 bis zum Aufstand des Jahres 1953. Der Versuch, mit der Gründung des ersten Arbeiter- und Bauernstaats auf deutschem Boden einen historischen Neubeginn zu unternehmen, wird von ihm gutgeheißen. Aber das kann in seinen Augen nicht bedeuten, von den blutigen Wurzeln der deutschen Geschichte abzusehen, zumal wenn sich diese in Form tradierter Bewußtseinsinhalte und Verhaltensweisen bis in die Gegenwart fortpflanzen. Die Hoffnung auf eine Unterbrechung des gewalttätigen Geschichtszusammenhangs, in dem archaische Konflikte und destruktive Kräfte weiterwirken, scheint allerdings gering: In der Szene *Nachtstück*, dem einzigen Bild ohne Parallelszene, allegorisiert Müller in einer surrealen Pantomime die Selbstverstümmelung des alten Menschen, dessen Gesicht auch im Sozialismus noch *ohne Mund* ist. *Der Mund entsteht mit dem Schrei.*[158]

Der parallele Szenenaufbau des Stücks unterstreicht die Kontinuität von Militarismus und Untertanengeist, von Ausbeutung und Spaltung des Proletariats in der deutschen Geschichte. Müller demonstriert sie mittels eines Tacitus-Intermediums, das den Streit zwischen Arminius und seinem Bruder Flavus überliefert, in einer Nibelungenszene, im Überlebenskampf der deutschen Wehrmacht im Kessel von Stalingrad, im Widerstand der Arbeiter gegen die Erhöhung der Arbeitsnormen und im Kampf der Häftlinge in einem DDR-Gefängnis. Den *Tod in Berlin*, den vor ihm schon Rosa Luxemburg und mit ihr der Versuch einer sozialistischen Republik erlitten haben, stirbt Hilse, ein Maurer, der sich dem Streikauf-

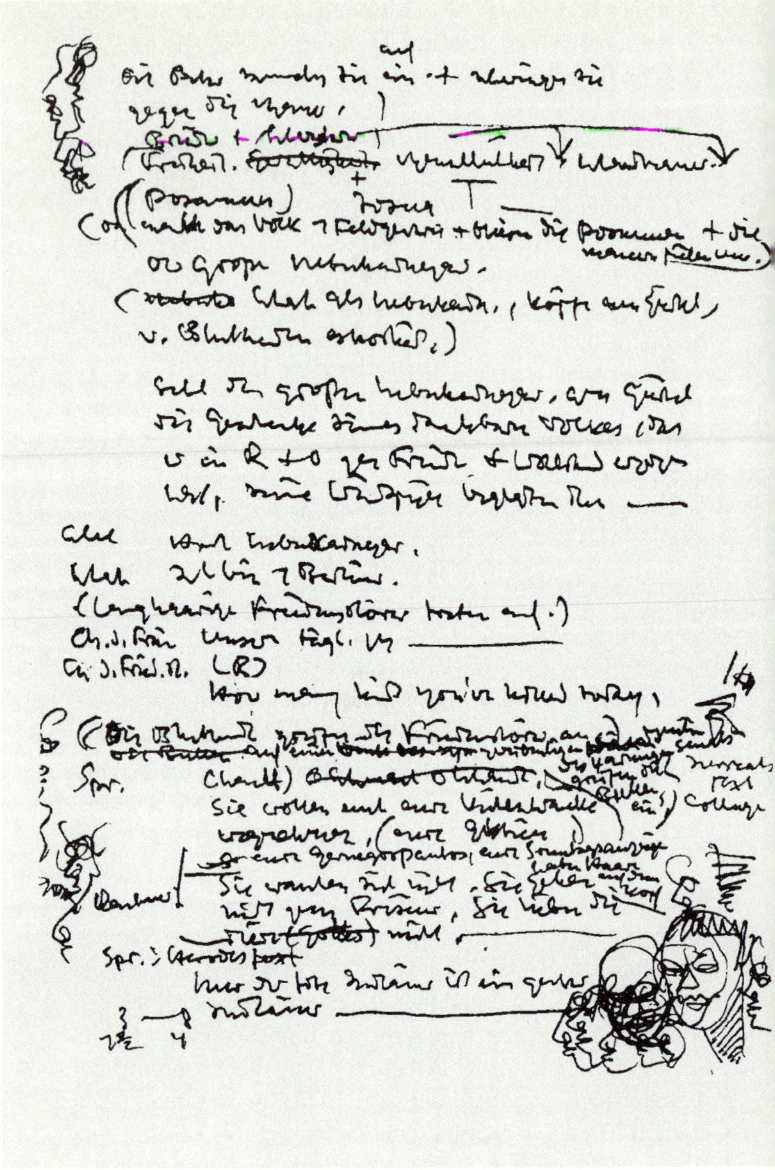

Eigenhändiger Entwurf zu «Germania Tod in Berlin»

ruf am 17. Juni nicht anschließt und von Westberliner Jugendlichen mit Steinen beworfen wird.

Eine Veröffentlichung wagt Müller erst 1977 im Rahmen seiner Westberliner Werkausgabe. Da zeichnet sich bereits die Uraufführung ab, die am 20. April 1978 an den Münchner Kammerspielen erfolgt (Regie: Ernst Wendt). Für diese Inszenierung, die zum IV. Mülheimer «stücke-festival» eingeladen wird, erhält Müller im Mai 1979 den mit 10000 DM dotierten «Theaterpreis der Stadt Mülheim». An eine Aufführung in der DDR ist vorläufig nicht zu denken, vor allem wegen der Gefängnisszene, die es bisher im DDR-Drama noch nicht gegeben hat. Bis 1988 gilt für *Germania Tod in Berlin* in der DDR ein Totalverbot, wenngleich es immer wieder Anläufe gibt, das Stück zu drucken und zu spielen. Auf den Tag genau zehn Jahre nach der Münchner Uraufführung reicht Henschel Schauspiel das Stück zur Genehmigung beim Ministerium für Kultur ein. Im Hintergrund steht die Äußerung von Manfred Wekwerth, dem Intendanten des Berliner Ensembles, der das Stück an seinem Haus von Fritz Marquardt inszeniert haben will. Es sei eine verstohlene «Bereinigung» gewesen, als nun endlich «die ewig verweigerten offiziellen Genehmigungen erteilt wurden», erinnert sich Wolfgang Schuch, der damalige Leiter von Henschel Schauspiel: «die lächerliche Behauptung bürokratischer Regeln bis in den Untergang»[159]. Premiere ist am 20. Januar 1989.

Wendezeit

Die verratene Revolution

Am 17. November 1976 wird dem Liedermacher Wolf Biermann, der sich zu einer Gastspielreise in der Bundesrepublik aufhält, von der Regierung der DDR die Staatsbürgerschaft entzogen. Er hatte seit dem 11. Plenum des ZK der SED vom Dezember 1965 Auftrittsverbot gehabt, durfte kein einziges Gedicht veröffentlichen und auch keine Auslandsreisen unternehmen. Biermann, der zu diesem Zeitpunkt in der DDR noch immer den besseren deutschen Staat sieht, protestiert und erhält dafür Unterstützung von vielen seiner Freunde und Kollegen in der DDR. Stephan Hermlin und Stefan Heym bringen zusammen, wen sie für bedeutend und gleichzeitig mutig genug halten, eine Bitte an die Staatsführung zu formulieren und zu unterzeichnen: Erich Arendt, Volker Braun, Fritz Cremer, Franz Fühmann, Sarah Kirsch, Günter Kunert, Christa und Gerhard Wolf, Heiner Müller. Hinzu kommt noch Rolf Schneider; Jurek Becker wird telefonisch eingeweiht. «Wir protestieren gegen seine Ausbürgerung und bitten darum, die beschlossenen Maßnahmen zu überdenken», heißt es in ihrem offenen Brief vom 17. November 1976.[160] Mehr als einhundert Künstler aller Fachgruppen schließen sich dem Aufruf an, der in der DDR allerdings nicht veröffentlicht werden kann. Durch Stephan Hermlin gelangt der Brief an die französische Nachrichtenagentur AFP. Zu dem erhofften Meinungswechsel kommt es indes nicht; statt dessen greift die Regierung der DDR zu Zwangsmaßnahmen: Verhören, Haussuchungen, Parteistrafen, fristlosen Entlassungen und Verhaftungen.

Weil Ruth Berghaus ihn «bearbeitet», etwas zu unternehmen, um den Protest zu relativieren, formuliert Müller als Einzelperson eine Distanzierung vom politisch-instrumentellen Gebrauch der Biermann-Petition durch den Westen.[161] Dies bewahrt ihn zwar vor der Entlassung aus dem Berliner Ensemble, nicht jedoch vor weiteren Nachstellungen des Ministeriums für Staatssicherheit (MfS). Als «feindlich negativer Schriftsteller» wird er (mit dem Decknamen «Zement») Gegenstand eines «Operativen Vorgangs», der stärksten Form geheimdienstlicher Überwachung. Die Staatssicherheit hört Müllers Telefon ab und versucht, Spitzel in seiner näheren Umgebung zu plazieren. 1978 verschärft sich die Situation, als die Hauptabteilung der Berliner Staatssicherheit im Zusammenhang mit der Ausreise von Thomas Brasch Material gegen Müller in die Hand bekommt und damit eine Möglichkeit sieht, ihn zu kriminalisieren. Sofort trifft sie Vorbereitungen für die Einleitung eines Ermittlungsverfahrens. In diesem Moment jedoch entscheidet sich der für Müller zuständige Offizier, die von ihm bearbeitete «Operative Personenkontrolle» «Zement» nicht an die Zentrale abzugeben. Gemeinsam mit einem Kollegen beschließt er, «Müller von der ‹Feind›- in eine ‹Freundbearbeitung› umzudeklarieren»[162]. Aus der «Operativen Personenkontrolle» «Zement» wird im Juli 1978 der «IM-Vorlauf» «Zement».[163] Damit ist Müller «erst einmal aus der Gefahrenzone»[164].

Doch «um diese Vorgehensweise zu legitimieren», muß zuvor «ein Gespräch mit dem Werbungskandidaten stattfinden». Vermittelt durch Müllers Freund Dieter Klein, den Verwaltungschef der Volksbühne, kommt es am 1. September 1978 in Müllers Wohnung zu einer ersten Kontaktaufnahme.

1981 wird, wiederum aus taktischen Gründen, aus dem «IM-Vorlauf» «Zement» der «Phantom-IM» «Heiner».[165] Von nun an trifft sich Müller ein- bis viermal im Jahr mit dem Stasi-Offizier Wilhelm Girod, führt mit ihm Gespräche über *Kulturpolitik*, auch über *Weltpolitik, die Gefahren des Nationalismus, über Dritte Welt*[166], später über die Folgen von Glasnost und Perestroika. Das beiderseitige Interesse ist klar: Die Behörden der DDR wollen Müller als einen der wenigen verbliebenen Vorzeige-Autoren nach Möglichkeit kontrollieren, was in seinem Fall schwierig ist, da er weder Mitglied der Partei noch des Schriftstellerverbands ist. Gleichzeitig hofft das Ministerium für Staatssicherheit, über ihn Einfluß auf bestimmte Personen nehmen zu können – im Sinne der Deeskalation, wie Müller

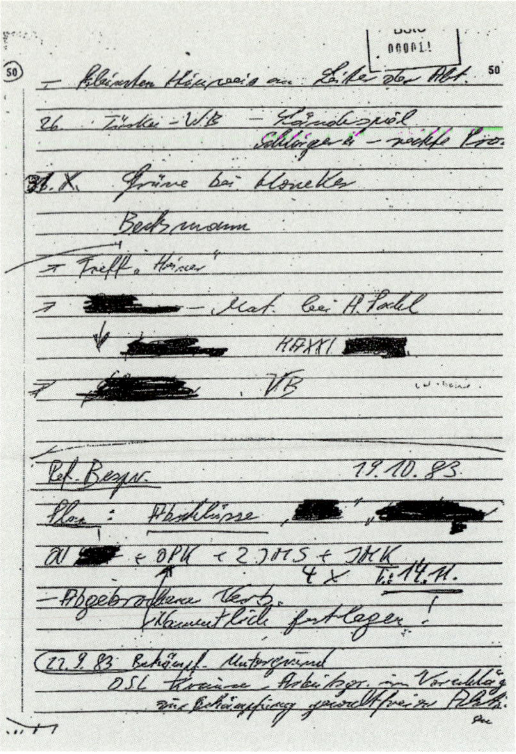

Auszug aus dem Aufzeichnungsheft von Müllers «Führungsoffizier» Wilhelm Girod, 1983

versichert, der später darauf hinweist, daß er in mehreren konkreten Fällen hat helfen können, etwa wenn es um ein Visum ging oder um die Verhinderung einer Verhaftung.[167] Ein wenig Eitelkeit, ein wenig Kitzel bei der Vorstellung, damit *an der Macht teilzuhaben*, sei möglicherweise auch im Spiel gewesen.[168]

Obgleich Müller offensichtlich nicht ein einziges Mal Erkenntnisse zum Nachteil von Dritten weitergegeben, sondern sich im Gegenteil für bedrängte Freunde eingesetzt hat, trägt ihm der Kontakt zum MfS 1993, nach der Entdeckung entsprechender Stasi-Unterlagen, den «Spitzel»-Vorwurf ein. Festzuhalten ist, bis zum Beweis des Gegenteils: Heiner Müller hat nie Spitzeldienste verrichtet.

Porträt, 1990

Die Biermann-Ausbürgerung, mehr noch die staatlichen Repressionen gegen Intellektuelle, die sich mit Biermann solidarisieren, führen auch bei den von den Zwangsmaßnahmen nicht unmittelbar Betroffenen zu Enttäuschung und Resignation. Die Hoffnung auf eine lernfähige, pluralistische sozialistische Gesellschaft hat einen Schlag erlitten. Was bleibt, ist die Reflexion der Rolle des Intellektuellen und Künstlers in einer Stillstandszeit. Eben dies macht Müller bis 1980 zum Thema seines Theaters. Es geht ihm nicht mehr darum, als Dramatiker den Anspruch auf Erfassung von Totalität zu verwirklichen. Im Unterschied zu früheren Werken vernachlässigt er mehr und mehr die sozialen und wirtschaftlichen Lebensbedingungen seiner Figuren. Der Ausschnitt von Wirklichkeit, den er liefert, wird immer enger, immer präziser auch im Zuschnitt auf sich selbst.

In dem 1977 geschriebenen Text *Hamletmaschine* greift Müller die Metapher des isolierten, zur Tatenlosigkeit verdammten Intellektuellen, der in der Gesellschaft keinen Bezugspunkt mehr für politisches Handeln findet, auf. Das vorgegebene Assoziationspotential der Hamletfigur erweitert er durch eine Fülle von Bildern, Zitaten und Selbstzitaten. Mit seiner konzentrierten Bildlichkeit und der monologischen Form stellt das in der Werkausgabe des Rotbuch-Verlags nur neun Seiten umfassende Stück einen der unzugänglichsten Theatertexte Heiner Müllers dar; die extravagante Form allerdings war nicht von Beginn an vorgesehen.

Am Anfang steht der alte Plan eines Gegenwartsstücks, in dem Hamlet als Sohn eines hingerichteten oder ermordeten «Verräters» in einem Ostblockstaat erscheint. Die Vorarbeiten deuten auf ein umfangreiches Projekt, in dem *das ganze Problem aufgefächert* wird.[169] 1977, während eines Aufenthalts in Bulgarien, reduziert Müller den vorhandenen Stoff auf wenige Seiten. Am Ende des Arbeitsprozesses steht der *Extrakt*, der *Schrumpfkopf* eines Stücks, ein einziger großer Monolog, der sich in fünf Bildern auf die beiden Protagonisten (Hamlet/Hamletdarsteller und Ophelia) verteilt.[170]

Hamletmaschine ist ein höchst persönliches, fast «privates» und zugleich hochpolitisches Werk. Die Brisanz ergibt sich aus den Hinweisen auf Aufstände im sozialistischen Lager und auf die Polit-Ikonen *Marx Lenin Mao*, die persönliche Wirkung aus Anspielungen auf eigene Stücke wie *Zement*, *Die Umsiedlerin* oder *Der Bau* und Kommentare zu Müllers persönlicher Situation und zum Selbstmord seiner Frau Inge.

Hamletmaschine bezeichnet die «Selbstreflexion des marxistischen Intellektuellen» (G. Schulz) in der Dauerkrise eines nahezu vollständigen geschichtlichen Stillstands, seine unentschlossene Haltung zwischen revolutionärem Eingreifen und der Versuchung zum Verrat, zum Rückzug in die private Existenz. Der alte Glaube, die gesellschaftliche Entwicklung durchschauen oder gar steuern zu können, die Hegelsche Idee einer fortschreitenden Vervollkommnung, all das erscheint gründlich ruiniert. Galt für Müller die kapitalistische Welt ohnehin schon als zukunftslos, so jetzt auch die sozialistische.

Die Verbindung von politischer und privater Sphäre, die

Ulrich Mühe in Müllers «Hamletmaschine»-Inszenierung
am Deutschen Theater, 1992

eine Brücke zwischen Hoffnung und Resignation sein kann, geschieht durch die Opheliafigur, in der autobiographische, literarische und zeitgeschichtliche Motive verschmelzen. Während auf der von Männern repräsentierten Staatsebene Stagnation herrscht, liefert Ophelia im zweiten Bild als Repräsentantin der unterdrückten Frau das Beispiel einer sich selbst befreienden Kraft und erscheint damit als Gegengewicht zu einer materiell wie ideell zerstörten Welt. Ihre Befreiung vollzieht sich spontan, aus demütiger Duldung wird ein blindwütiges Aufbegehren, mit dem sie ihre Fesseln für kurze Zeit abzuschütteln vermag. Im fünften und letzten Bild fordert Ophelia namens der unterdrückten und geknechteten Menschheit die Zurücknahme der bestehenden Welt überhaupt, predigt sie den Aufstand, der den Tod bringt. Weil ihr Haß ohne Alternative ist, bedeutet er letztlich aber auch die Zurücknahme der vagen Hoffnung auf ein *Europa der Frau*, wie es das zweite Bild verheißt, auf eine Kraft, die den revolutionären Gesamtprozeß sichtlich vorantreiben könnte.

Müllers einigermaßen illusionärer Wunsch, *Hamletmaschine* in einer Doppelproduktion Benno Bessons zusammen mit *Hamlet* auf die Bühne zu bringen, läßt sich an der Volksbühne nicht realisieren; die deutsche Erstaufführung an den Kölner Kammerspielen 1978 wird kurz vor dem angekündigten Premierentermin abgesetzt. Die Uraufführung findet schließlich außerhalb Deutschlands statt: 1978 (zusammen mit *Mauser*) am Théâtre Ensemble Mobil in Brüssel. 1986 gelingt Robert Wilson in New York mit Studenten der Columbia University eine grandiose Inszenierung, die Müllers internationale Reputation erhöht. In der DDR bleibt der Text fast bis zuletzt verboten. Erst am 3. Januar 1989, nach Erscheinen eines erweiterten *Stücke*-Bandes, in dem neben *Hamletmaschine* auch die bislang inkriminierten *Germania Tod in Berlin* und *Mauser* enthalten sind, wagt es Henschel Schauspiel, das Bühnenmanuskript dem Kulturministerium zur Prüfung vorzulegen.

Ein Jahr vor *Hamletmaschine*, größtenteils ebenfalls während eines Urlaubs in Bulgarien, entsteht das *Greuelmärchen* (so der Untertitel) *Leben Gundlings Friedrich von Preussen Lessings*

Szenenfoto aus Horst Laubes «Gundling»-Inszenierung, Frankfurt 1979

Schlaf Traum Schrei: Eine Sequenz unterschiedlicher Verhaltensweisen im Verhältnis zwischen preußischen Intellektuellen und der Macht. Das Titelmonstrum verbindet die Überschriften der ersten und letzten Szene mit dem Namen einer weiteren Zentralfigur. Die Szenenfolge führt vom königlichen Garten Friedrich Wilhelms in Potsdam, unbezeichneten Schauplätzen bei Hofe, über diverse Schlachtfelder, Audienzsaal, Irrenhaus, Rübenacker und ein Seeufer bei Strausberg auf einen amerikanischen Autofriedhof in Dakota, Allegorie einer vom Atomkrieg bedrohten Zivilisation, wo der Dichter Lessing, begleitet von Emilia und Nathan, zwischen Autowracks mit ausrangierten bzw. verunglückten Theaterfiguren und Filmstars dem letzten amerikanischen Präsidenten begegnet, einem gesichtslosen Roboter auf dem elektrischen Stuhl. Dem stummen Schlußbild geht der Hinweis auf gesellschaftliche Gegenkräfte, auf eine mögliche Wende des Geschichtsverlaufs, voran: Eine schwer deutbare Aufzählung von Bildern und Fremdzitaten, mit der nicht nur Metaphern der antibürgerlichen Avantgarde beschworen werden, sondern auch der Aufstand der Kolonisierten, der Unterdrückten und Ausgebeuteten der sogenannten Dritten Welt eine Stimme erhält.

Die preußische Geschichte erscheint in Müllers Szenen-Collage als unaufhaltsame Abfolge von Herrschaft und Knechtschaft. Künstlerische oder intellektuelle Argumente werden, wie im Falle Schillers, zum Schweigen verurteilt oder, wie im Falle Lessings, durch die Stilisierung des Autors zum Klassiker ihrer Wirkungsmöglichkeit beraubt. Gleichzeitig bringt Müller das eigene Ich ins Spiel, denn in der Figur des 47 Jahre alten Lessing, seinem fast auf den Tag genau 200 Jahre vor ihm geborenen sächsischen Landsmann, hat er zugleich sich selbst porträtiert.

Der Text von *Gundling* wird von Henschel Schauspiel 1977 zusammen mit *Schlacht* und *Traktor* veröffentlicht. Ein wohlkalkuliertes Nachwort von Joachim Fiebach versucht, ihn für den Kulturapparat goutierbar zu machen. Fiebachs Fazit lautet, *Gundling* sei «ein für DDR-Literatur und -Theater unvertrauter und so wahrscheinlich befremdender Entwurf», dennoch «wichtig genug, öffentlich zur Diskussion gestellt zu werden, an ihm Möglichkeiten neuer ästhetischer Wahrnehmung abzutasten»[171]. Mit solch absichernden Maßnahmen im Rücken und der Hoffnung, daß das Ministerium für Kultur gegen eine Aufführung keine Bedenken geltend macht, reicht der Verlag den Text am 15. Juli 1977 zur Genehmigung ein.

Obgleich Müller kein Geschichtsdrama geschrieben hat und weit davon entfernt ist, ein objektives Preußenbild zeichnen zu wollen, wird das Stück als skeptische, verbindliche Aussage über die verstümmelte Aufklärung in Preußen und ihre Folgen bis hinein in die deutsche Gegenwart empfunden. Die DDR-Erstaufführung findet erst am 4. Dezember 1988 an der Volksbühne in Berlin statt (Regie: Helmut Straßburger). Regie bei der Uraufführung am 26. Januar 1979 am Schauspielhaus Frankfurt führt Horst Laube.

Der Auftrag. Erinnerung an eine Revolution entsteht 1979. Der Plan, sagt Müller 1990, sei etwa zwanzig Jahre alt gewesen: *«Auftrag» wollte ich machen, seit ich die Geschichte «Das Licht auf dem Galgen» von der Seghers gelesen hatte. Sie war in «Sinn und Form» vorabgedruckt.*[172] Im Anschluß an Anna Seghers erzählt Müller die Geschichte des mißglückten Versuchs dreier Emissäre der französischen Regierung, in der englischen Kolonie Jamaika einen Sklavenaufstand gegen die Herrschaft der britischen Krone zu organisieren. Der Arzt Debuisson, *Sohn von Sklavenhaltern auf Jamaika, mit Erbrecht auf eine Plantage mit vierhundert Sklaven*[173], wird von Galloudec, einem Bauern aus der Bretagne, und Sasportas, einem entflohenen Negersklaven, begleitet. In Port Royal angekommen, legen sich die drei Agitatoren, um ihren Geheimauftrag erfüllen zu können, eine neue Identität zu: Debuisson und Sasportas werden zu denen, die sie einmal waren, Galloudec spielt Debuissons Diener. Nach mehr als einem Jahr konspirativer Arbeit erfahren sie, daß in Frankreich Napoleon am 9. November 1799 die alleinige Macht übernommen hat. Aufgrund der unterschiedlichen sozialen und ethnischen Herkunft entwickeln sich nun, nachdem die Revolution in Frankreich an ihr vorzeitiges Ende gelangt und der Auftraggeber der Revolution quasi «abhanden gekommen» ist, unterschiedliche Reaktionsweisen.

«1978 in Mexico fragte man mich immer, ob ich Gerd Müller bin. Und ich sagte: ‹Das ist mein Bruder.› Dann war alles in Ordnung.»
(*KoS)

Debuisson liest die Nachricht aus Paris als eindeutige Rücknahme der Mission, die Ideale von 1789 auf die Kariben zu exportieren. Unter Berufung auf den vergeblichen Ausgang aller bisherigen Revolutionen will er jetzt sein Leben auf der Sonnenseite genießen. Demgegenüber halten seine beiden Mitstreiter an der Befreiung der Ausgebeuteten fest. Während Debuisson in die alte privilegierte Position zurückkehren kann, gibt es für den Bauern und den Schwarzen keine Alternative. Für Sasportas gilt der Auftrag so lange, wie *Herren und Sklaven* existieren.[174] In der abschließenden Figurenrede gelangt Müller (wie sich das schon in *Gundling* angedeutet hatte) zu einem «anthropologisch orientierten Blick» auf die Unterdrückten und Ausgebeuteten.[175] Darauf läßt Müller Galloudecs Entscheidung folgen, sich Sasportas anzuschließen, um gemeinsam für die Revolution zu sterben. Mit der Verbrüderung des bretonischen Bauern und des entlaufenen Negersklaven scheint er beweisen zu wollen, daß er den Tugendpfad der marxistisch-leninistischen Klassen(kampf)philosophie keineswegs, wie man dies bei *Gundling* moniert hatte[176], verlassen hat; daß er nämlich sehr wohl anerkennt, daß nicht Herkunft oder Hautfarbe, sondern einzig die Stellung im Produktionsprozeß die Klassenzugehörigkeit und damit auch die Klasseninteressen bestimmt.

«SASPORTAS Wenn die Lebenden nicht mehr kämpfen können, werden die Toten kämpfen. Mit jedem Herzschlag der Revolution wächst Fleisch zurück auf ihre Knochen, Blut in ihre Adern, Leben in ihren Tod. Der Aufstand der Toten wird der Krieg der Landschaften sein, unsre Waffen die Wälder, die Berge, die Meere, die Wüsten der Welt. Ich werde Wald sein, Berg, Meer, Wüste. Ich, das ist Afrika. Ich, das ist Asien. Die beiden Amerika bin ich.»
(«Der Auftrag»; T 7, 69)

Im Unterschied zu den vorangegangenen Texten steht bei *Auftrag* wieder eine nacherzählbare Fabel im Hintergrund. Allerdings verzichtet Müller auf die Geschlossenheit einer einzigen Spielhandlung. Statt dessen erzählt er gegen die Chronologie, arbeitet mit Rückblenden und wechselt zwischen den beiden fragmentarischen Blöcken der Kernhandlung auf eine neue Handlungsebene (Theater im Theater), die ihrerseits Erfahrungsmuster aus anderen Zeiten und Orten aufgreift. Reiseeindrücke vermischen sich mit Traumsequenzen, die wiederum mit der Ausschreibung zurückliegender Erfahrungen kombiniert werden. Aus dieser Synthese ergibt sich eine Vielzahl unterschiedlicher und vielschichtiger Assoziations- und Interpretationsangebote, die durchgespielt und zur Diskussion gestellt werden.

Überraschenderweise gibt es bei *Auftrag* keine Probleme mit den vorgesetzten Behörden: Niederschrift des Autors, Abgabe des Manuskripts beim Verlag, Einreichung des Textes beim Kulturministerium zwecks Genehmigung und Beginn der Proben folgen diesmal so rasch aufeinander wie bei keinem anderen Müller-Stück. *Der Auftrag* wird Müllers erste Berliner Regiearbeit; Volksbühnen-Intendant Fritz Rödel gibt ihm in politisch durchaus schwieriger Zeit die Chance, sich zusammen mit Ginka Tscholakowa als Regisseur zu erproben. Die

Programmheft des Schiller-Theaters Berlin, Spielzeit 1989/90. Zeichnung: Volker Pfüller

Vorstellungen finden allerdings in kleinem Rahmen statt, im nicht mehr als 40 Zuschauer fassenden Theater im 3. Stock der Volksbühne. Premiere ist am 12. November 1980.

1981/82 inszeniert Müller *Auftrag* noch einmal in Bochum, diesmal mit einem schwarzen Panther im Zuschauerraum. Premiere seiner Inszenierung ist am 13. Februar 1982. Bei den Proben lernt er die damals einundzwanzigjährige Fotodesign-Studentin und Theaterfotografin Margarita Broich kennen. Damit beide sich näher sind, setzt Margarita Broich ab Mitte des Jahres 1982 ihr Studium in Berlin fort, anschließend besucht sie dort die Schauspielschule. Auf Müllers Vermittlung zieht sie in die Wohnung von Peter und Heidi Gente, die den kleinen, unorthodox linken Merve-Verlag betreiben, wo Müller dann oft zu Besuch ist wie umgekehrt Margarita bei ihm. «Es war eine ‹unschuldige› Beziehung, die nicht vom

Ruhm belastet war. Er war noch nicht so von Freunden umlagert wie zuletzt. Man sieht es auch auf Fotos aus dieser Zeit, da hat Heiner noch diese Leichtigkeit, nicht diesen steinernen Gesichtsausdruck, den die späten Fotos oft zeigen, auch wegen seiner Krankheit.»[177] 1987 läßt ein Theater-Engagement Margarita Broich nach Frankfurt wechseln. Nachdem sie dort ihren späteren Mann, den Schauspieler Martin Wuttke, kennengelernt hat, wird die Verbindung zu Müller schwächer. 1989 erfolgt die endgültige Trennung.

1992 heiratet Müller die aus Regensburg stammende Fotokünstlerin Brigitte Maria Mayer (geb. 1965). Beide haben sich auf der Frankfurter Buchmesse 1990 kennengelernt, beide sind mit einem autobiographischen Projekt beschäftigt: Brigitte Mayer mit dem Fotoband «Perfect Sister», Müller mit seiner Autobiographie *Krieg ohne Schlacht*, die 1992 bei Kiepenheuer & Witsch erscheint. Am 20. November 1992 wird ihre Tochter Anna geboren. Die Familie lebt in einer ehemaligen Fabriketage in Kreuzberg, Muskauer Straße 24, wo sich auch Brigitte Mayers Atelier befindet; im Geschoß darüber hat Müller seine Arbeitsräume mit Archiv und Bibliothek.

Mit Brigitte Maria Mayer im Erotic Art Museum Hamburg, 1994

Mit seiner Tochter Anna, Berlin 1995

Theaterarbeit der achtziger Jahre

1980/81 entsteht, teils in Italien, unter dem Titel *Quartett* die Adaption des Briefromans «Les liaisons dangereuses» (1782) von Pierre-Ambroise-François Choderlos de Laclos. Es sei von Müller durchaus als «well-made play» geplant gewesen, als Stück, das endlich einmal die großen Tantiemen bringen sollte, «Müllerscher Broadway» eben, sagt Karlheinz Braun vom Verlag der Autoren, der von 1982 bis 1998 Müllers Bühnenrechte im westlichen Ausland vertreten hat.[178] Im Unterschied zu Laclos, der die Darstellung des sittlichen Verderbens seiner Zeit mit einem moralischen Besserungsanspruch verbindet, interessieren Müller die Täter, die ruchlose Marquise de Merteuil und der nicht minder zynische Vicomte de Valmont, die ihre Partner lediglich instrumentalisieren. Sie sind die gegenüber den Opfern interessanteren, «moderneren» Charaktere. Müller extrahiert aus seiner Vorlage den Vernichtungskampf zwischen Mann und Frau, zeigt Terror und Gewalt im Bereich intimster menschlicher Beziehungen. Den Stoff, der bei Laclos vier Bände füllt, reduziert er auf einen zwanzigseitigen Dialog zwischen Merteuil und Valmont, die sich einen spielerischen Machtkampf mit mehrfachem Rollentausch liefern, der jeder Schuldfestlegung der beiden Akteure den Boden entzieht.

Am 6. Mai 1981 gibt Henschel Schauspiel das Manuskript zwecks Genehmigung an das Ministerium für Kultur, doch bis zur DDR-Erstaufführung müssen noch einige Jahre vergehen. Diesmal sind es – laut Müller – sittlich-moralische Bedenken, die einer baldigen Bühnenrealisierung im Wege stehen.[179] Die Uraufführung erfolgt am 7. April 1982 am Schauspielhaus Bochum; Regie führt B. K. Tragelehn. Noch im Uraufführungsjahr wird das Stück in Eindhoven und Gent nachgespielt, 1983 dann in Mailand, Wien, Bern und London, 1984 folgt Madrid, 1985 Nanterre (Regie: Patrice Chéreau), 1987 Stockholm. Seine DDR-Premiere erlebt *Quartett* schließlich am 1. April 1988 am Berliner Theater im Palast (Regie: Bernd Peschke). 1991 inszeniert Müller das Stück selbst am Deutschen Theater, als Teil seines *Mauser*-Abends, 1994 noch einmal am Berliner Ensemble.

Gewissermaßen ein Seitenstück zu *Quartett* ist *Herzstück*, das Müller 1981 für Karlheinz Brauns Projekt der «Minidramen» schreibt, eine Anthologie von Dramoletten, die 1987 in der Theaterbibliothek des Verlags der Autoren erscheint. Die Uraufführung des aus siebzehn kurzen Sätzen bestehenden Stücks erfolgt im Rahmen des Theaterabends «Unsere Welt» am 7. November 1981 auf einem Podest vor dem Schauspielhaus Bochum, sie dauert immerhin dreißig Minuten. Regie führen Manfred Karge und Matthias Langhoff.

Verkommenes Ufer Medeamaterial Landschaft mit Argonauten ist ein sehr persönliches Stück, nicht nur, weil sich im dritten Teil ein Ich-Erzähler ins Eigenverhör nimmt, der bereits die Katastrophen vorauserleidet, an denen die Menschheit am Ausgang des Jahrhunderts arbeitet. Unter dem Titelungetüm integriert Müller Material aus einem Zeitraum von mehr als dreißig Jahren. Angestoßen durch die endgültige Trennung von Ginka Tscholakowa formt Müller aus alten und neuen

Materialien einen Text, der mit Motiven aus der griechischen Mythologie die von ihm erlebte Problematik des Mann/Frau-Verhältnisses durchspielt: Variationen der Verzweiflung über verwüstete Seelen in einer zerstörten Welt.

An literarischem Material verwendet Müller die «Medea»-Versionen von Euripides, Seneca und Hans Henny Jahnn. Der erste Teil, *Verkommenes Ufer*, für den sich der Autor als Schauplatz eine Peepshow *bei laufendem Betrieb*[180] vorzustellen vermag, läßt sich als ein aus Abfall und Abraum rekonstruiertes Porträt der Nachkriegs-DDR oder, mit Müller, weiträumiger als *Männerteil*[181] deuten: Die Beschreibung von Zivilisationsmüll an einem See bei Strausberg nahe Berlin, Dialogfetzen aus einem Eifersuchtsdrama, diskontinuierliche Reflexionen eines von Alltagsbeobachtungen angewiderten S-Bahn-Passagiers und eine Reminiszenz an das Kriegsende bezeichnen Fundstücke auf der *Spur/Flachstirniger Argonauten*[182]. Ein Text ohne Handlung, ohne Rollen, der in der Mitte mit der Anspielung auf Jasons Unfalltod und in seinen letzten Versen mit der Charakteristik Medeas den Übergang zum zweiten, *Medeamaterial* betitelten Teil schafft. Darin knüpft Müller nun deutlicher sichtbar an den antiken Stoff an: Nach den Sehnsuchtsgeständnissen und Schuldvorwürfen einer kriselnden Ehe bilanziert Medea in einem langen, haßerfüllten Monolog die furchtbaren Opfer der Vergangenheit. Die imaginierte Ver-

Programmheft des Verlags der Autoren, Frankfurt a. M. 1981. Zeichung: F. K. Waechter

nichtung ihrer Rivalin und die Ermordung ihrer eigenen Kinder bezeichnen das Ende der Unterwerfung, das freilich in der Ungeheuerlichkeit seiner Mittel keine Hoffnung zu vermitteln mag. Der dritte Teil, ein geradezu maschinenhaft abschnurrender Monolog in dichter traumartiger Diktion, knüpft an die männlichen Gewalt- und Sexualphantasien des ersten Teils an: In *Landschaft mit Argonauten* wirft der Ich-Erzähler, der, wie Müller anmerkt, als ein kollektives Ich begriffen werden soll – womit die Verantwortung der menschlichen Gattung angesprochen ist –, einen apokalyptischen Blick auf die globale Heillosigkeit einer auf Verschwendung und Verschleiß gebauten Endzeitzivilisation.

Bereits im Entstehungsjahr wird der Text zweimal publiziert, im Jahr darauf folgen Nachdrucke in «Theater heute» und «Theater der Zeit». Die Uraufführung findet am 22. April 1983 in Bochum statt, Regie führen wiederum Manfred Karge und Matthias Langhoff.

Bildbeschreibung, zum größten Teil 1984 in Mietenkam am Chiemsee entstanden, ist in Müllers Werk das extremste Beispiel einer gleichsam «maschinellen» Schreibweise.[183] *Der Anlaß war eine Zeichnung, etwas koloriert, von einer Bühnenbildstudentin in Sofia. Sie hatte einen Traum gezeichnet.*[184] *Es gab ein Angebot vom «Steirischen Herbst», 15 000 Mark für einen neuen Text, und ich hatte gerade diesen Text in Arbeit.*[185] Müllers Interesse an fremden Träumen läßt ihn an dieses bildliche Traumprotokoll von Ginkas Freundin anknüpfen, die ganz naiv, ohne Kenntnis von psychoanalytischer Traumdeutung und ohne Wissen auch um die Sinnbildlichkeit der Dinge, eine Traummaske der sie bewegenden Gefühle gezeichnet hatte.

Das Bild, eine Tuschzeichnung in Schraffiertechnik, sparsam mit Wasserfarben getönt, etwas größer als DIN A 3, befindet sich in Berliner Privatbesitz. Es weckt Interesse, weil es drei verschiedene Zeitstufen fixiert. Ein zerbrochenes Glas, ein umgeworfener Stuhl, ein zerrissenes Kleid verweisen auf eine Aktion vor der unmittelbaren Gegenwart, die durch das Heraustreten eines Mannes aus der Haustür bezeichnet wird, während die Landschaft für eine Zeit vor den Menschen steht. Perspektive und Proportionen sind gelungen; die Plastik der Körper läßt zu wünschen übrig. Müllers Phantasie entzündet sich an den Unkorrektheiten der Zeichnung, sucht sich Raum in den Lücken der Bildgegenwart, assoziiert einen Zeitablauf, der sich mit den Details des Bildes, und seien es Kunst-Fehler, zur Deckung bringen läßt. Der unvollkommene Strich der Tuschfeder wird zum ernstgenommenen Bilddetail.

In leichtem, heiterem Ton deutet Müller zunächst den nicht-menschlichen Teil des leicht zu überschauenden Tableaus: Himmel und Wolken, eine Landschaft mit spärlicher Vegetation, ein Haus, ein Tisch, ein Baum, ein Vogel im Geäst. Dramatik gewinnt die Schilderung erst durch die Interpretation einer Zeichenunsicherheit. Im Gesicht der jungen Frau entdeckt der Autor *eine Schwellung an der Wurzel, vielleicht von einem Faustschlag*[186]. Mit einemmal kommt Bewegung in das Bild. Von der Beschreibung dessen, was er sieht, gelangt Müller zu weiteren Assoziationen und Vermutungen, wobei jede neue Schicht jeweils die vorige auslöscht, bis schließlich die Erkenntnisfähigkeit des Betrachters und sogar der Beschreiber des Bildes selbst in Frage gestellt wird.

An einer eigenen Inszenierung des Textes hat Müller kein Interesse. Seine Frau Ginka übernimmt die Regie bei der Uraufführung an den Vereinigten Bühnen Graz am 6. Oktober 1985 im Rahmen des «Steirischen Herbst».

Anatomie Titus Fall of Rome Ein Shakespearekommentar entsteht 1984 als raffende Übersetzung und Bearbeitung von Shakespeares früher Tragödie «Titus Andronicus», die einen mit hoher krimineller Energie und Grausamkeit geführten Kampf um die Macht im römischen Imperium beschreibt. In den Trümmern des Titels offenbart sich die Fragmentierung der Vorlage. «Titus Andronicus» scheint Müller als Rohmaterial besonders gut geeignet, weil es sich um ein *ziemlich krudes Stück* handelt, *sprachlich nicht auf der Höhe des späten Shakespeare*[187], das zudem, *weil die Oberfläche des antiken Rom nicht mehr bekannt ist*[188], Raum läßt für aktuelle Imaginationen. Müller geht es nicht um Aneignung im Sinne einer Erbekonzeption, sondern um Nutzbarmachung eines Materials. Hauptzweck ist der *Shakespearekommentar* aus der Sicht dieses Jahrhunderts. *Das neue Rom heißt USA, Che Guevara ist das Kreuz des Südens*, so Müller schon in einem Brief an Dimiter Gotscheff vom 27. März 1983.[189]

Shakespeares Stück spielt in einer Zeit des inneren und äußeren Zerfalls, als Rom sich der Invasionsgefahr der «Barbaren» im Westen wie im Osten ausgesetzt sieht. In der Konfrontation der urbanisierten römischen Zivilisation mit dem kriegerischen Volk der Goten entdeckt Müller jenen Aspekt, den er schon in *Gundling*, *Hamletmaschine* und *Quartett* herausgearbeitet hat, den *Einbruch der Dritten Welt in die Erste Welt*[190].

Anders als in seiner *Macbeth*-Adaption geht Müller diesmal, ohne dabei den Handlungsablauf aufzugeben, sehr frei mit seiner Vorlage um: Ganze Szenenkomplexe werden erzählend, bisweilen auch kommentierend, zu Versberichten zusammengefaßt. Der Kommentar, der das erste und das letzte Wort hat, greift in den Text ein, baut ihn um, überdeckt die Monologe der Schauspieler, deutet voraus, gibt Regieanweisungen und schafft Gelegenheit zur aktualisierenden Interpretation. Wörtliche Anachronismen im Text wirken dabei wie Sprengsätze, die den Text in die Gegenwart öffnen. Durch die Mischung von Dialog- und Erzählebene entsteht ein Text, dessen Fabel löchrig geworden, dessen dramatische Struktur zerfallen, durch den dauernden Wechsel der Perspektive fragmentarisch geworden ist und der dennoch bis zum Schluß seiner Vorlage verpflichtet bleibt.

Die Uraufführung durch Manfred Karge und Matthias Langhoff erfolgt am 14. Februar 1985 am Schauspielhaus Bochum. Nach der BRD-Premiere sieht Henschel Schauspiel den Zeitpunkt gekommen, das Bühnenmanuskript zur Genehmigung beim Kulturministerium einzureichen. Regie bei der DDR-Erstaufführung am 3. Juli 1987 am Staatsschauspiel in Dresden führt Wolfgang Engel.

1981 ergreift Henschel Schauspiel eine folgenreiche Initiative: Aufgrund eines mit dem Autor am 1. April abgeschlossenen Vertrags über die Vergabe von Weltrechten aller seiner Stücke (bei gleichzeitiger Abgabe von Subvertriebsrechten für die relevanten «nichtsozialistischen» Länder an den Frankfurter Verlag der Autoren) werden im Verlagskatalog 1983 erstmals alle bisherigen Werke Müllers, also auch die in der DDR unterdrückten, angekündigt. Als Werbematerial gelangt der Katalog aber nicht nur an die westlichen Theatervertriebe und Bühnen, sondern auch an Theater und «zentrale Einrichtungen» der DDR. Eine Intervention der Kulturabteilung der SED Ende 1982 macht deutlich, daß der neue Müller-Stückekatalog höheren Orts «als unerwünschte Aufforderung zur breiteren Müller-Rezeption in der DDR begriffen»[191] wird. Dem Verlangen nach Zurückziehung des Katalogs kann Henschel Schauspiel erfolgreich Widerstand entgegensetzen, unter anderem mit der Begründung, daß es «ohne eine entsprechende Werbung» unmöglich sei, «die aktive Valutabilanz von henschel SCHAUSPIEL zukünftig aufrechtzuerhalten».[192] Die ebenfalls angeführte beabsichtigte «Steuerung» des Autors ist nur ein taktisches Scheinargument.

Mit der Durchsetzung der Abmachung ist die bisherige Prozedur der Stück-um-Stück-Genehmigung durch das Ministerium für Kultur durchbrochen. «Intern blieb das kulturpolitische Reglement für DDR-Inszenierungen unverändert, aber hinsichtlich der Müller-Rezeption im westlichen Ausland beschränkte sich die (unterdessen auf Weltläufigkeit bedachte) DDR-Bürokratie vor allem auf Devisen-Reglements, die über die Schiene Henschelverlag / Büro für Urheberrechte / Verlag der Autoren gesichert werden sollten.»[193]

Nicht zuletzt infolge seiner internationalen Bühnenpräsenz häufen sich in den achtziger Jahren Anfragen von Theatern außerhalb der DDR sowie von Künstlern, die Müller projektbezogene Zusammenarbeit anbieten – als Autor, Übersetzer, Dramaturg oder Regisseur. Anfang 1979 trifft Müller in Westberlin den amerikanischen Theateravantgardisten Robert Wilson wieder, den er zwei Jahre zuvor in Kalifornien kennengelernt hat. Wilson bietet ihm die Mitarbeit am deutschen Teil seines Welttheaterprojekts «the CIVIL warS a tree is best measured when it is down» an, das als kultureller Kontrapunkt zu den Olympischen Spielen in Los Angeles 1984 gedacht ist. Wilsons vom japanischen Bunraku-Theater inspirierte Trennung der Bühnenelemente Sprache, Licht und Ton, sein Umgang mit Zeit auf der Bühne (das aus Drogenerfahrungen resultierende Hauptmoment seines Theaters), hat Müllers weitere Theaterarbeit wesentlich geprägt.

1984 gewinnt ihn sein Freund Luigi Nono (zusammen mit Margarita Broich) als Rezitator von Hölderlin-Versen für die Uraufführung seines «Prometeo» in der Kirche San Lorenzo in Venedig. Für das Westberliner Schillertheater richtet Müller im selben Jahr Schillers «Wallenstein»-Trilogie ein; Premiere seiner Fassung, die das Original kräftig zusammenschrumpfen läßt, ist am 5./6. April 1985 (Regie: Klaus Emmerich). Ebenfalls 1985 bearbeitet Müller (auf der Grundlage einer Übersetzung von Marie Gignoux-Prucker) Bernard-Marie Koltès' «Quai West» (Deutsche Erstaufführung am Schauspielhaus Bochum, 26. November 1986). 1986 schreibt er für einen Wallraff-Abend am Hamburger Thalia Theater am 4. Juni die Schlußszene *Ali im Wunderland*, 1987 für eine Aufführung von Hebbels «Nibelungen» an derselben Bühne einen *Prolog zu «Kriemhilds Rache»*.

«MAeLSTROMSÜDPOL», ein Gemeinschaftsprojekt von Erich Wonder, Heiner Goebbels und Heiner Müller, eröffnet am 11. Juni 1987 die VIII. documenta in Kassel. Müller hat dazu einen Text verfaßt, in dem Motive der Erzählung «Die Abenteuer des Arthur Gordon Pym» von Edgar Allan Poe verarbeitet sind. Im selben Jahr wünscht sich Udo Lindenberg, daß Müller für ihn das Libretto einer Rockoper schreibt; es kommt aber nur zu einem Gedicht für ein Plattencover. Im August 1987 wird im Rahmen der Salzburger «Sommerszene» Müllers Dramolett *Kanakenrepublik* aufgeführt.

Müllers Weltgeltung verändert seinen Status in der DDR. Im Oktober 1986 erhält er den Nationalpreis 1. Klasse; ein Jahr später ist er der meistgespielte Autor seines Landes. *Die Folge des Nationalpreises war einfach, daß kein Funktionär in irgendeiner Bezirksstadt dem Intendanten mehr sagen konnte: «Müller nicht».*[194] Im Februar 1988, 27 Jahre nach dem Ausschluß, erfolgt Müllers Wiederaufnahme in den Deutschen Schriftstel-

Mit Margarita Broich und Luigi Nono in Freiburg, 1985

lerverband. Am 21. März meldet die «Süddeutsche Zeitung», daß Müller vom Kulturminister der DDR obendrein in einen neugebildeten «Beirat für Dramatik» berufen worden ist, der den Minister «in allen Grundsatzfragen der Arbeit mit DDR-Dramatik» beraten soll. Wiedergutmachung auf der ganzen Linie.

Requiem auf einen Staat

Bildbeschreibung und *Anatomie Titus* bezeichnen für den Dramatiker Müller, auch in seinen eigenen Stellungnahmen, den Endpunkt einer Produktionsphase von mehr oder weniger elitären Kunstgebilden, die Reflex seiner damaligen politischen Weltsicht sind. Danach erfolgt eine Rückwendung zum erneuerten Lehrstück, allerdings nicht in seiner streng rationalisierten Ausprägung wie *Mauser*: Das Gefühl entsteht diesmal mit der historischen Erinnerung.

1977, in einem Brief an Reiner Steinweg, hatte Müller seiner Überzeugung Ausdruck gegeben, *daß wir uns vom LEHRSTÜCK bis zum nächsten Erdbeben verabschieden müssen*[195]. Dieses Erdbeben kündigt sich in der zweiten Hälfte der achtziger Jahre in der Sowjetunion an: Das Reformprogramm des im März 1985 vom Zentralkomitee der KPdSU zum Generalsekretär gewählten Michail Gorbatschow, im Westen vor allem unter den Schlagworten «Perestroika» («Umbau») und «Glasnost» («Öffentlichkeit») bekannt, ist eine Kampfansage an Bürokratismus, Korruption und Mißwirtschaft. Gorbatschows vorsichtige Umgestaltung der politischen, ökonomischen und gesellschaftlichen Ordnung macht ihn bei vielen Linken zur Vaterfigur eines demokratischen Sozialismus. Daß sein systemimmanentes Reformkonzept zum Scheitern verurteilt ist, weil es von seiner Eigendynamik davongetragen wird, sehen die wenigsten. Die Ereignisse der kommenden Jahre zeigen, daß Gorbatschows Hauptaufgabe nicht die des Managers einer bankrotten Super-

November 1982: Tod Breschnews. Wahl Jurij Andropows zum Generalsekretär der KPDSU
Februar 1984: Tod Andropows. Konstantin Tschernenko wird zum Nachfolger bestimmt
März 1985: Tod Tschernenkos. Wahl Michail Gorbatschows. Wiederaufnahme der 1983 abgebrochenen Abrüstungsverhandlungen zwischen USA und UdSSR
November 1985 / Oktober 1986: Direkte Gespräche zwischen US-Präsident Reagan und Gorbatschow über eine Beendigung des Wettrüstens
Dezember 1987: Unterzeichnung eines Vertrags über den Abbau von Mittelstreckenraketen
1988: Die UdSSR beginnt mit dem Abzug ihrer Truppen aus Afghanistan

macht ist, sondern eher die eines Liquidators, eines politischen Abbruchunternehmers, der sich am Ende selbst mitbeseitigt. Doch auch für Heiner Müller ist Gorbatschow seit seinem ersten internationalen Auftreten ein Hoffnungsträger, auf dem sein Optimismus gegenüber einem sich selbst reformierenden Sowjetkommunismus beruht.

1984 entsteht die Szene *Russische Eröffnung*, die, wie auch ein Jahr später *Wald bei Moskau*, ein Motiv aus Aleksandr Beks 1943 erschienenem Roman «Die Wolokolamsker Chaussee» (deutsch 1947) verarbeitet, dem Müllers insgesamt aus fünf Teilen bestehender Zyklus den Titel verdankt. An Beks Roman interessieren Müller zwei Episoden: die Erschießung eines Soldaten wegen Feigheit vor dem Feind – ans Licht gekommen freilich nicht im Verlauf einer Kriegshandlung, sondern während einer Übung – und die Degradierung eines Hauptmanns gegen die Dienstgradhierarchie und das Militärgesetz. Beides Fälle von zweifelhafter Rechtsauslegung, beides Entscheidungen in Zwangslagen, getroffen gegen ein Individuum zugunsten eines Kollektivs, in diesem Fall der Moral der Truppe.

Wie bei den beiden ersten, handelt es sich auch bei den drei folgenden Teilen von *Wolokolamsker Chaussee* um selbständige Einzeldramen von geringem Umfang, deren Entstehung sich über die Jahre 1985 bis 1987 erstreckt, Stück für Stück Schritt haltend mit dem politischen Wandlungsprozeß. Als die beiden ersten Teile schon gespielt werden, sind die beiden letzten noch nicht geschrieben. Im nachhinein erweist sich das Stück als Müllers *Requiem* auf *das Ende des sozialistischen Blocks.*[196]

Verallgemeinert bezeichnet die Wolokolamsker Chaussee jenen Ort, an dem der Vormarsch der deutschen Wehrmacht zum Stillstand kam, Voraussetzung für den Sieg über den Nationalsozialismus, Ausgangspunkt auch für den Export des Sozialismus, der der Spur der russischen Panzer folgte, die als Befreier und Besatzer kamen, von der Abwehrschlacht der Roten Armee bei Moskau bis zur gewaltsamen Unterdrückung der «Konterrevolution» in den «Bruderstaaten», für die im Stück stellvertretend Berlin und Prag stehen. Der 17. Juni wie auch die Niederschlagung des Prager Frühlings erscheinen in diesem Licht sowohl als Resultat des Zweiten Weltkriegs als auch als Folge der Entwicklung des Sozialismus in der Sowjetunion unter den Bedingungen von Krieg und Isolation.

Obgleich *Wolokolamsker Chaussee* eine Kompilation von fünf Kurzdramen darstellt, ohne durchlaufende Figurenhandlung und mit Schauplätzen, die räumlich und zeitlich extrem weit auseinanderliegen, läßt es sich als geschlossenes Werk inszenieren. In regelmäßigen Blankversen werden fünf Episoden aus der Geschichte des real existierenden Sozialismus erzählt, zwei aus der Sowjetunion, drei aus der DDR. Eine feste Rollenaufteilung gibt es im epischen Bericht nicht; die Darstellung des Geschehens ist einem Erzähler übertragen, der sich diese Arbeit mit einem oder mehreren Darstellern teilen kann. Die Geschlossenheit eines dramatischen Werks ergibt sich durch ein Geflecht von sich wiederholenden und ineinander verschränkten Motiven, die es erlauben, das Einzelgeschehen als symptomatisch und das Ganze als Abgesang auf den real existierenden Sozialismus zu lesen, wenn nicht – eine Deutung, der sich Müller freilich nicht angeschlossen hätte – auf die kommunistische Utopie überhaupt.

Mit dem Titel des ersten Teils, *Russische Eröffnung*, bringt Müller zum Ausdruck, daß mit der Niederlage der Wehrmacht an der Wolokolamsker Chaussee und der späteren Zerschlagung der 6. Armee in Stalingrad die Voraussetzungen für den Sieg über den Faschismus und damit für die europäische Nachkriegsordnung geschaffen wurden, für das geteilte Europa und schließlich auch für das geteilte Deutschland. Im Stück erinnert sich ein Bataillonskommandeur der Roten Armee an die Hinrichtung eines Soldaten wegen Feigheit vor dem Feind: eine Entscheidung im Oktober 1941, die sein Gewissen lebenslang belastet. Die Möglichkeit des *Pazifismus*, die an der Notwendigkeit militärischer Disziplin scheitert, ist für Müller *der Hauptpunkt* in diesem Text. In *Wald bei Moskau* steht *der Anarchismus* im Mittelpunkt seines Interesses: Weil er seine Verwundeten im Stich gelassen hat, wird ein Bataillonsarzt von

In seinem Arbeitszimmer in Friedrichsfelde, 1988

dem ihm dienstgradmäßig untergeordneten Bataillonskommandeur zum einfachen Sanitäter degradiert. In dieser *Außerkraftsetzung der Sowjetordnung* sieht Müller einen *antistalinistischen Ansatz* [197] bei Bek.

Teil 3, *Das Duell*, 1986 entstanden, schreibt ein Motiv aus der gleichnamigen Erzählung von Anna Seghers fort. Der Erzähler, Direktor eines volkseigenen Betriebs, Kommunist mit zehn Jahren Zuchthauserfahrung, wird am 17. Juni von seinem Stellvertreter, einem jüngeren Genossen, den er seinerzeit zum Studienabschluß an der Arbeiter- und Bauernfakultät beinahe hat prügeln müssen, zum Rücktritt aufgefordert. Sieben Jahre zuvor hatte er sich mit dem Hochschullehrer seines jetzigen Gegners, in dem er einen Kommilitonen erkannte, der sich 1934, anders als er selbst, per Revers den Nazis unterworfen hatte, ein verdecktes psychologisches «Duell» geliefert. Das Duell der Kontrahenten von 1953 wird durch die Ankunft der russischen Panzer zugunsten des Betriebsleiters entschieden, aber sein Sieg ist moralisch wertlos, weil er den Unterlegenen anschließend mit der Routine eines alten Parteifunktionärs zum Schreiben einer Selbstkritik auffordert, von ihm also jene Unterwerfung verlangt, die er selbst seinerzeit (gegenüber den Nazis) heroisch verweigert hatte. Der aufgetretene Konflikt wird nicht ausgetragen, sondern aufgrund der Hierarchie entschieden.

Teil 4, *Kentauren* (1986), schildert den Alptraum eines Geheimdienstoffiziers: In der Sorge, überflüssig geworden zu sein, weil es keine staatsgefährdenden Delikte mehr gibt, schickt er einen seiner Mitarbeiter in den Tod, indem er ihm befiehlt, bei Rot über die Kreuzung zu fahren, damit wieder jene Unordnung hergestellt wird, aus der beide ihre Legitimation beziehen. Noch in Gedanken darüber, wie der Vorfall gegenüber der Öffentlichkeit darzustellen sei, sieht sich der Sicherheitsbeamte plötzlich in ein Zwitterwesen verwandelt, einen Kentaur der sozialistischen Bürokratie, halb Mensch, halb Schreibtisch: Anlaß für eine Kette grotesker Reflexionen, an deren Ende ein Hilferuf steht, der ihn schließlich aus seinem Alptraum weckt. Den Grundeinfall verdankt Müller Sławomir Mrożeks satirischem «Drama aus dem Gendarmenmilieu», «Die Polizei».

In *Der Findling* (1987) knüpft Müller an die zentrale Figurenbeziehung zwischen dem Ziehvater und dem Adoptivsohn aus Kleists gleichnamiger Erzählung an, wobei er nicht alle Wendungen der Vorlage mitvollzieht. Erzählt wird die letzte Auseinandersetzung zwischen einem hohen SED-Funktionär und seinem rebellischen Adoptivsohn, der im Sommer 1968, nach dem Einmarsch der Panzer der Warschauer-Pakt-Staaten in Prag, Flugblätter verteilt hat; dafür, auf Anzeige seines Vaters bei der Staatssicherheit, eine fünfjährige Zuchthausstrafe erhalten hat und später nach Westberlin ausgereist ist, wo er von Heimweh gequält wird. Während *Kentauren* noch als komisches Satyrspiel durchgehen kann, beschreibt *Der Findling* im Klartext und ohne satirische Tröstung den *Riß zwischen den Generationen in der Führungsschicht*, in dem Müller die *Initialzündung für die Implosion des Systems* sieht.[198]

Eine Aufführung des Gesamtwerks *Wolokolamsker Chaussee* ist in der DDR fast bis zuletzt nicht möglich; sie findet zuerst am 23. Februar 1988 am Théâtre de Bobigny, einem Vorort von Paris, statt (Regie: Jean Jourdheuil und Jean-François Peyret), in der Bundesrepublik am 20. Oktober 1989 an den Münchner Kammerspielen (Regie: Hans-Joachim Ruckhäberle). Erst Ende 1989 können Karl Georg Kayser am Leipziger Theater und Christoph Schroth am Berliner Ensemble den ganzen Zyklus inszenieren. Immerhin aber gelangen zwischen Mai 1985 und Februar 1989 in Berlin bzw. Potsdam nach und nach alle fünf Teile auf die Bühne.

«Gespenster am Toten Mann»

Gorbatschows «Revolution von oben» in der Sowjetunion nährt in der DDR die Hoffnung auf eine Reformierbarkeit des Systems. Die schwache Wirtschaftsleistung, der Modernisierungsrückstand des Produktionsapparates, der marode Zustand der Infrastruktur, Lieferrückstände im Konsumgüterbereich, explodierende Subventionsleistungen für Waren und Dienstleistungen und ökologischer Raubbau haben das Land an den Rand des Ruins gebracht. Das Politbüro um Erich Honecker macht jedoch keinerlei Anstalten zu einem Kurswechsel. Im Sommer 1989 verschärft sich die innenpolitische Situation der DDR auf dramatische Weise. Auslöser ist zunächst die wachsende Zahl von «Botschaftsflüchtlingen»; parallel dazu formiert sich eine oppositionelle Sammelbewegung, die zu Massendemonstrationen aufruft. Im Herbst sind es Hunderttausende, die auf die Straße gehen, um Bürgerrechte und Demokratie einzufordern. Auf der großen Künstlerdemonstration am 4. November 1989 auf dem Berliner Alexanderplatz – vermutlich das größte Auditorium, das ein deutscher Dramatiker je hatte – wird

> «Du bist fertig, Staatsmann
> Der Staat ist nicht fertig.
> Gestatte, daß wir ihn verändern
> Nach den Bedingungen unseres Lebens.
> Gestatte, daß wir Staatsmänner sind,
> Staatsmann.
> Unter deinen Gesetzen steht dein Name.
> Vergiß den Namen
> Achte deine Gesetze, Gesetzgeber.
> Laß dir die Ordnung gefallen, Ordner.
> Der Staat braucht dich nicht mehr
> Gib ihn heraus.»
>
> (Bertolt Brecht: Der Untergang des Egoisten Johann Fatzer. Bühnenfassung von Heiner Müller, Frankfurt a. M. 1994, 118)

Auf der Künstlerdemonstration in Berlin
am 4. November 1989

Müller ausgepfiffen, als er einen ihm unmittelbar zuvor in die Hand gedrückten Aufruf zur Gründung freier Gewerkschaften verliest, der unter anderem die Aufforderung enthält, bei höherem Lohn weniger zu arbeiten: Die Pfiffe kommen allerdings aus dem Block der Staatssicherheit. In der Nacht vom 9. auf den

10. November fällt schließlich die Berliner Mauer. Die DDR ist am Ende.

Das Verschwinden aller politisch bedingten Veröffentlichungshemmnisse schafft eine neue Situation, die Müller zunächst unterschätzt. Sein Lebensthema waren die Folgen der versäumten und der Terror der vollzogenen Revolutionen, die vermeintliche Übergangsgesellschaft zwischen dem zähen System der kapitalistischen Ausbeutung und Entfremdung und einem neuen, besseren Weltzustand, waren die Phasen von Niedergang, Revolution und Wiederaufbau. Dazu brauchte er die Ost-West-Konfrontation und die Existenz zweier deutscher Staaten. Angesichts des Zerfalls dieser untergründig noch von Hitler und Stalin geprägten Welt meint Müller kein Zeitstück mehr schreiben zu können, das auf Widerspruch und Bewegung angelegt ist.

Hinzu kommt die vielfache Inanspruchnahme Müllers durch die Öffentlichkeit, die es ihm nicht erlaubt, längere Zeit kontinuierlich an einem größeren Text zu arbeiten. Kein Monat vergeht, ohne daß ihm nicht ein paar öffentliche Statements abgefordert werden oder er durch eine Presseerklärung von sich reden macht. Endlos die Kette von Diskussionen, Streitgesprächen, Lesungen, Begegnungen und Interviews.

Auch die Mitarbeit an künstlerischen Projekten nimmt immer größere Dimensionen an. Im Mai 1990 entwirft Müller das Konzept einer Landschaftsskulptur (Stahlstelen und Klanginstallation), das von Daniel Libeskind in Groningen realisiert wird, und gestaltet drei Wagen zu Hanne Hiobs Projekt «Der Anachronistische Zug» (nach Brechts gleichnamigem Gedicht). Ein bereits vier Jahre zuvor gemeinsam mit Rebecca Horn und Jannis Kounellis entwickeltes Ost-West-Berliner Skulpturenprojekt, von Müller *Die Endlichkeit der Freiheit* betitelt, ist dort vom 1. September bis zum 7. Oktober 1990 zu sehen. 1990/91 bearbeitet er auf der Grundlage einer Übersetzung von Peter Witzmann für Christof Nels Inszenierung an der Freien Volksbühne Aischylos' «Perser». Im Sommer 1990 engagiert Wolfgang Wagner Müller als Regisseur für eine Bayreuther «Tristan»-Inszenierung, für die Erich Wonder das Bühnenbild entwirft; Daniel Barenboim hatte Müller vorgeschlagen und den Kontakt hergestellt. Bei der Premiere am 25. Juli 1993 wird die Inszenierung keineswegs als triumphales Debüt des Opernregisseurs Müller gefeiert, doch bereits ein Jahr später gilt sie als künstlerisches Ereignis. Von 1987 bis 1991 ist Müller außerdem durch einen Regievertrag ans Deutsche Theater gebunden, wo er 1987/1988 *Lohndrücker*, 1989/1990 *Hamlet/Maschine* und 1991 unter dem Titel *Mauser* eine Collage aus *Quartett, Mauser, Der Findling, Herakles 2 oder Die Hydra, Herakles 13* sowie Texten von Kafka, Brecht und Ernst Jünger inszeniert.

Im März 1992 wird Müller als Co-Direktor in das fünfköpfige Direktorium des Berliner Ensembles berufen, dem neben ihm Peter Zadek, Fritz Marquardt, Matthias Langhoff und Peter Palitzsch angehören. 1993 inszeniert er hier *Duell Traktor Fatzer*, eine Collage aus eigenen und Brecht-Texten; 1994 *Quartett* mit Marianne Hoppe und Martin Wuttke. Die Inszenierung von Hochhuths «Wessis in Weimar» durch Einar Schleef löst einen heftigen Konflikt zwischen Müller und Peter Zadek aus, der im März 1995 die Leitung des Theaters verläßt, wie später auch Eva Mattes, die zwischenzeitlich Langhoffs

Ehrungen und Preise

1957 Anerkennungspreis (im Preisausschreiben zur Förderung des Gegenwartsschaffens) des Kulturministeriums der DDR
1959 Heinrich-Mann-Preis der Akademie der Künste der DDR (zusammen mit Inge Müller)
1964 Erich-Weinert-Medaille der FDJ (im Kollektiv)
1971 Förderpreis zum Lessingpreis des Hamburger Senats (von Müller abgelehnt)
1974 Kritikerpreis der «Berliner Zeitung»
1975 Lessingpreis der DDR
1976 Kritikerpreis der «Berliner Zeitung»
1979 Theaterpreis der Stadt Mülheim
1984 Mitglied der Akademie der Künste der DDR
1985 Georg-Büchner-Preis der Deutschen Akademie für Sprache und Dichtung in Darmstadt
1986 Nationalpreis 1. Klasse der DDR
Hörspielpreis der Kriegsblinden
Prix-Italia-Spezialpreis (zusammen mit Heiner Goebbels)
1990 Präsident der Akademie der Künste der DDR
Kleist-Preis
1994 Premio Europa per il teatro (Europäischer Theaterpreis)
1996 Berliner Theaterpreis der Stiftung Preußische Seehandlung

Mit Marianne Hoppe bei der Probe zu «Quartett» am Berliner Ensemble, 1994

Platz im Direktorium eingenommen hat. Im Frühsommer 1995 bringt Müller, mittlerweile alleiniger künstlerischer Leiter, Brechts «Arturo Ui» mit Martin Wuttke in der Titelrolle heraus. Es wird ein großer Erfolg. Aber die eigenen dramatischen Pläne bleiben weitgehend auf der Strecke.

1992 macht Müller seine Schreibhemmung zum Thema eines Prosagedichts, *Mommsens Block*: Ein Totengespräch mit dem bedeutendsten Althistoriker des 19. Jahrhunderts, der es nicht mehr vermochte, den vierten und letzten Teil seiner «Römischen Geschichte» zu schreiben, und zugleich ein geschichtsphilosophischer Diskurs über das Scheitern des Sowjetkommunismus und den Triumph des Kapitals. Erstmals ohne den Mantel der Metapher erfolgt nun auch die Abrechnung mit den *roten Cäsaren* als *Machthabern einer Illusion, fälschlich genannt Sozialismus.*[199]

In der zweiten Hälfte der achtziger Jahre, während der Arbeit an *Wolokolamsker Chaussee* und mit Blick auf die Veränderungen in der Sowjetunion, taucht bei Müller der Plan auf, ein Stück über den Zweiten Weltkrieg zu schreiben, Hitler und

Stalin als Protagonisten miteinander in Beziehung zu setzen. Es soll mit dem Rußland-Feldzug beginnen und mit dem Mauerbau aufhören. Während eines Erholungsaufenthalts in Santa Monica von Dezember 1994 bis März 1995 kommt es zur Niederschrift einer ersten, noch unbetitelten Szenenfolge. Vorgesehen ist zunächst, quasi als Testlauf in der ‹Provinz›, eine Inszenierung am Schauspielhaus Bochum, anschließend soll das Stück von Fritz Marquardt am Berliner Ensemble in Szene gesetzt werden.

Im Sommer wird Müller klar, daß er das Stück, dessen Arbeitstitel jetzt *Germania 3* lautet, ohne den Kontakt mit der Bühne nicht fertig schreiben kann. Mittlerweile lastet auf ihm, nicht zuletzt wegen diverser Ankündigungen in dieser Richtung, ein hoher Erwartungsdruck. Die Öffentlichkeit scheint vom Intendanten des Berliner Ensembles und vielleicht bedeutendsten Dramatiker der Gegenwart einen doppelten Coup zu erwarten, als Autor wie als Regisseur. Unter diesem Druck, der noch durch eine Publikationsabsprache mit dem

Traum und Trauma: Das Berliner Ensemble, 1994

Verlag Kiepenheuer & Witsch verstärkt wird, zwingt Müller die disparate Szenenfolge in eine bis zuletzt fragmentarische, nicht schlüssige Form.

Obgleich Müller um die Schwächen des Textes weiß, macht er ihn dennoch zur Grundlage seiner Inszenierungsarbeit, die im Juni 1995 mit einer Serie von Arbeitsgesprächen beginnt. Am 28. September ist Bauprobe; Ende Oktober 1995 teilt das Berliner Ensemble mit, als Premierentermin des neuen Stücks mit dem Titel *Germania 3 oder Gespenster am Toten Mann* sei der 26. April 1996 vorgesehen.[200] Die Zählung eines «dritten» Deutschlands soll suggerieren, daß mit der Vereinigung der beiden deutschen Staaten etwas Neues entstanden ist, das auch die alte Bundesrepublik grundlegend verändert hat; der Untertitel ist Paul Coelestin Ettighoffers stramm soldatischem Verdun-Roman entnommen. Im November/Dezember 1995 finden in Abwesenheit Müllers einzelne Beleuchtungsproben statt. Nach seinem Tod wird das Projekt abgebrochen; die Regie der Neuinszenierung, die im Juni 1996 über die Bühne des Berliner Ensembles geht, übernimmt Martin Wuttke. Seine Uraufführung erlebt das Stück im Mai 1996 am Schauspielhaus Bochum (Regie: Leander Haußmann).

Germania 3 Gespenster am Toten Mann ist nicht das seit Jahren geplante Hitler-Stalin-Stück geworden. Müllers theatralischer Rundumblick ist eine beklemmende Endzeitvision mit einer Fülle von historischen, literarischen und selbstbiographischen Verweisen, zusammengehalten allenfalls von der unausgesprochenen Trauer um eine verlorene Utopie und die Opfer von Stalinismus und Faschismus und des Nachkriegs in den Köpfen. Müller zeigt einen Gespensterreigen, der verschiedene Zeitebenen mischt und in dem der Anachronismus regiert. Es geht dem Autor nicht um Naturalismus, sondern um eine Erinnerung, in der die Zeitachse bedeutungslos wird. Hier hat Müller sie alle noch einmal versammelt, die Gestalten vergangener Auseinandersetzungen, die ihn fünfzig Jahre lang beschäftigten: Lebende und Tote, Täter und Handlanger, Mitläufer und Opfer, Sieger und Besiegte; Opportunisten, Verräter und Mörder; Inhaftierte, Vergewaltigte und Getötete. Kriem-

Porträt, 7. November 1995

hild und Hagen, Rosa Luxemburg und den Jäger Runge, Thälmann und Ulbricht, Stalin und Hitler, deutsche Soldaten im Kessel von Stalingrad und Kommunisten im GULAG, einen kroatischen SS-Mann und Mecklenburger Schloßherrinnen, Müller (Vater) und Müller (Sohn) in Frankenberg, vier Brechtwitwen, Fritz Cremer und die Arbeiter aus Hennigsdorf, Wekwerth und Palitzsch, Brecht und Schall, den jugoslawischen Gastarbeiter und die westdeutschen Wendegewinner, den psychopathischen Mörder und die ermordete russische Offiziersfrau. Am Schluß zieht die Stimme des Autors aus dem Off mit einem Zitat des Kosmonauten Jurij Gagarin die Epochenbilanz, die vielleicht ein Blick in die Zukunft ist: *DUNKEL GENOSSEN IST DER WELTRAUM/SEHR DUNKEL*[201].

Im Sommer 1994 erfährt Müller von seiner Krebserkrankung, die Volker Braun als «Symptom des Ekels an den Verhältnissen» gedeutet hat, «gegen die er, resistent gegen Verheißungen, aber nicht gegen Verblödung, keine Abwehrkräfte besaß».[202] Im Herbst muß er sich im Münchner Klinikum rechts der Isar einer Operation unterziehen, bei der ihm die Speiseröhre entfernt wird. Es folgt ein Erholungsaufenthalt in Feuchtwangers Villa Aurora im kalifornischen Santa Monica als Gast der Getty Foundation – eine Zeit, in der Müller nicht nur an seinem letzten Theaterstück, sondern auch zahlreiche Gedichte schreibt und Ezra Pound liest und übersetzt. Nach seiner Rückkehr kümmert er sich trotz zunehmender Schwäche und großer Schmerzen mit Energie um die Belange des Berliner Ensembles und nimmt alle zugesagten Termine wahr. Bis zuletzt verliert er nicht seinen Appetit, verlangt immer noch nach einem kräftigen Frühstück, dem geliebten Eintopf mit fetter Wurst. Aber er kann das Essen nicht mehr bei sich behalten, leidet unter ständigem Erbrechen. Er habe jetzt nur noch das Gewicht des Alten Fritz, witzelt er einmal gegenüber Rolf Hochhuth.[203] Selbst auf das Rauchen und Whiskytrinken muß er am Ende verzichten.

Im November 1995 beginnt Müller auf der Intensivstation in München mit einer Chemotherapie, die ihn zusätzlich schwächt. Kurz vor Weihnachten kehrt er, während einer Behandlungspause, nach Kreuzberg zurück, wo sich sein Zustand von Tag zu Tag verschlimmert. Am Mittag des 30. Dezember 1995 weist ihn der herbeigerufene Notarzt ins Rudolf-Virchow-Krankenhaus in Wedding ein, wo Heiner Müller unmittelbar darauf an Herzversagen stirbt.

In einem Gedichtentwurf des Jahres 1989, im Erstdruck mit *Selbstkritik*[204] betitelt, hatte er zu seinen problematischen, weil allzu affirmativen Texten aus den fünfziger Jahren (er

Margarita Broich, Christine Gloger, Ruth Glöss
in Martin Wuttkes «Germania 3»-Inszenierung am
Berliner Ensemble, 1996

dachte dabei wohl an einige seiner journalistischen Arbeiten und Gelegenheitsgedichte) angemerkt, sie seien *geschrieben im Besitz der Wahrheit/Vierzig Jahre vor meinem mutmaßlichen Tod* und nachträglich aus der *Vierzig* eine *60* gemacht[205]: Seine Mutter war damals gerade 84 Jahre alt geworden, er hoffte auf ein ähnlich langes Leben. Es war ein Irrtum unter anderen. Heiner Müller starb nur wenige Jahre nach dem Ende des Staates, mit dem er sich bis zuletzt – in Zuneigung und Kritik – verbunden fühlte. *Ich hab's gut. Ich muß nicht zu meiner Beerdigung. Aber ihr müßt,* hatte er wenige Wochen zuvor, mit dem ihm eigenen witzigen Sarkasmus, dieser seltsamen ironischen Distanz zu den eigenen Gefühlen, zu seinen Freunden gesagt.[206]

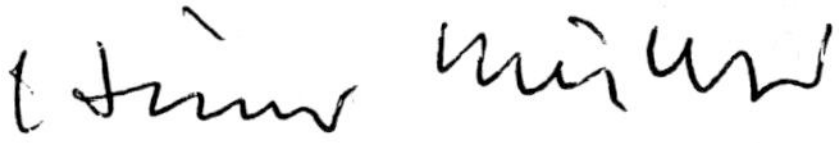

Anmerkungen

Häufiger benutzte Abkürzungen:

GI 1 Müller, Heiner: Gesammelte Irrtümer. Interviews und Gespräche. Frankfurt a. M. 1986

Kalkfell Hörnigk, Frank / Martin Linzer / Frank Raddatz / Wolfgang Storch / Holger Teschke (Hg.): Ich Wer ist das Im Regen aus Vogelkot Im KALKFELL für Heiner Müller. Arbeitsbuch. Berlin 1996 («Theater der Zeit», Sonderheft Heiner Müller)

Kommerell Müller, Inge: Ich bin eh ich war. Gedichte. Blanche Kommerell im Gespräch mit Heiner Müller. Versuch einer Annäherung. Gießen 1992

KoS Müller, Heiner: Krieg ohne Schlacht. Leben in zwei Diktaturen. 2., vermehrte Auflage. Köln 1994 (Mit * bezeichnete Zitate stammen aus der ersten von Müller redigierten Typoskript-Fassung im Verlagsarchiv Kiepenheuer & Witsch. Abdruck mit freundlicher Genehmigung von Brigitte Maria Mayer)

R Müller, Heiner: Rotwelsch. Berlin 1982

SHM Spezial: Heiner Müller. In: «Theater der Zeit» 1997, Heft 1, S. I-XLVIII

T Müller, Heiner: Texte. Berlin 1974–1989

W Müller, Heiner: Werke. Hg. von Frank Hörnigk. Frankfurt a. M. 1998 ff.

1 Kalkfell, 30
2 T 1, 15
3 GI 1, 85
4 GI 1, 44
5 KoS, 413
6 R, 67
7 Gespräch vom 12. Juni 1998
8 Eichler, 39
9 Gerta Vogel: Gespräch vom 30. Juni 1998
10 Gespräch vom 29. September 1998
11 Hans-Jochen Vogel: Gespräch vom 18. Juni 1998
12 Storch 1988, 247
13 KoS, 18
14 Gerta Vogel. Gespräch vom 22. Juni 1998
15 R, 68
16 T 5, 20–26
17 SHM, VI
18 KoS, 25
19 *KoS
20 Gespräch vom 12. Juni 1998
21 Eichler, 37
22 «Bericht über die Erstellung eines Filmes zur Kindheit des Dramaturgen Herrn Heiner Müller in Bräunsdorf», Typoskript, zur Verfügung gestellt von Herrn Reinsberg, Bräunsdorf, 27. November 1998
23 KoS, 26
24 KoS, 23 f.
25 W 2, 183
26 «Nordkurier», 26. August 1998
27 SHM, VII
28 «Berliner Zeitung», 9./10. Januar 1999
29 KoS, 34 f.
30 KoS, 45 f.
31 KoS, 62 f.
32 KoS, 55
33 Archiv Fritz Grabner, Berlin
34 Archiv Fritz Grabner, Berlin
35 Gespräch vom 13. Juni 1998
36 Gespräch vom 13. Juni 1998
37 Gespräch vom 28. Juli 1998
38 Gespräch vom 17. Juli 1998
39 Gespräch vom 14. Juni 1998
40 KoS, 64
41 KoS, 121
42 Gespräch vom 31. Juli 1998
43 KoS, 67–69
44 Gespräch vom 14. Juni 1998
45 KoS, 112
46 «Frankfurter Allgemeine Zeitung», 25. September 1997
47 KoS, 82
48 Gespräch vom 27. Juli 1998
49 *KoS
50 *Lebenslauf*; Privatbesitz

51 *KoS
52 *Lebenslauf*; Privatbesitz
53 Storch 1988, 191
54 Storch 1988, 191
55 KoS, 60
56 KoS, 59 f.
57 KoS, 59
58 KoS, 60
59 *KoS
60 T 5,17
61 Storch 1988, 160 f.
62 Berlin, Stiftung Archiv der Akademie der Künste, Heiner-Müller-Archiv
63 KoS, 78
64 KoS, 116
65 *KoS
66 KoS, 87
67 KoS, 90
68 KoS, 110
69 KoS, 109
70 *KoS
71 Gespräch vom 14. Juni 1998
72 Heiratsurkunde im Besitz von Rosemarie Fritzsche
73 Rosemarie Fritzsche: Gespräch vom 14. Juni 1998
74 Berlin, Stiftung Archiv der Akademie der Künste, Heiner-Müller-Archiv
75 Rosemarie Fritzsche: Gespräch vom 14. Juni 1998
76 KoS, 97 f.
77 Storch 1988, 162
78 *KoS
79 Rosemarie Fritzsche: Gespräch vom 14. Juni 1998
80 Mittenzwei, 197
81 KoS, 16
82 KoS, 133 f.
83 KoS, 137 f.
84 KoS, 99
85 *KoS
86 KoS, 140
87 *KoS
88 Arnold 1982, 6
89 «Die Woche», 15. September 1995
90 *KoS
91 «Sonntag», 31. Oktober 1954
92 Wolfgang Müller: Gespräch vom 12. Dezember 1998
93 Serke 1998, 26
94 KoS, 107
95 KoS, 152; vgl. W I, 46
96 *KoS
97 Heft 1 / 1957, S. 1
98 Gespräch vom 31. Januar 1998
99 *KoS
100 Kommerell, 32
101 Storch 1988, 201
102 Serke 1998, 30
103 Serke 1998, 24
104 Serke 1998, 28
105 W I, 11 (*Bericht vom Anfang*)
106 Mayer 1984, Bd. 2, 139
107 KoS, 151
108 KoS, 421
109 KoS, 111
110 KoS, 143
111 KoS, 147 f.
112 Franke I, 100
113 *KoS
114 Kalkfell, 7
115 Storch 1988, 242
116 KoS, 128
117 Braun, 70
118 Braun, 78
119 Braun, 37
120 Serke 1998, 32
121 KoS, 195
122 Streisand 1991 (Der Fall Heiner Müller), 429
123 Serke 1998, 30
124 Serke 1998, 30
125 KoS, 209
126 *KoS
127 KoS, 129 f.
128 Storch 1988, 230
129 T 1, 134
130 Zit. nach Hörnigk 1985, 48
131 T 6, 73
132 Programmheft *Prometheus*, Schauspielhaus Zürich 1968 / 70, Redaktion Klaus Völker
133 *Macbeth* von Heiner Müller nach Shakespeare. Volksbühne Berlin 1982. Dokumentation von Lily Leder und Angela Kuberski. Berlin 1988, 197
134 *KoS

135 *KoS
136 T 2, 55
137 T 2, 55
138 T 2, 52
139 KoS, 259
140 *KoS
141 Kalkfell, 21
142 KoS, 103
143 Zur Lage der Nation. Heiner Müller im Interview mit Frank M. Raddatz. Berlin 1990, 95 f.
144 «Der Spiegel», Nr. 8, 22. Februar 1993, 212
145 KoS, 309
146 T 8, 236
147 KoS, 265
148 Werner Hecht: Brecht-Chronik 1898–1956. Frankfurt a. M. 1998, 1248
149 «France nouvelle», Nr. 1733, 29. Januar 1979
150 KoS, 258
151 KoS, 259
152 KoS, 246
153 Storch 1988, 243
154 KoS, 252
155 Wieghaus 1981, 20
156 Wieghaus 1981, 21
157 KoS, 252
158 T 5, 74 f.
159 Briefauskunft vom 1. März 1999
160 KoS, 409
161 KoS, 274
162 KoS, 473
163 KoS, 468 f.
164 KoS, 481
165 KoS, 476
166 KoS, 483 f.
167 KoS, 486
168 KoS, 486
169 KoS, 293
170 KoS, 294
171 Joachim Fiebach in: Müller, Heiner: *Der Auftrag. Der Bau. Herakles 5. Todesanzeige.* Hg. von Joachim Fiebach. Berlin 1981, 118 f.
172 *KoS
173 T 7, 48
174 T 7, 64
175 Schulz 1994, 470
176 Joachim Fiebach: Nachwort zu: Heiner Müller: *Die Schlacht/Traktor Leben Gundlings Friedrich von Preußen Lessings Schlaf Traum Schrei.* Berlin 1981, 128
177 Margarita Broich: Gespräch vom 30. Dezember 1998
178 Gespräch vom 17. Juni 1998
179 *KoS
180 T 7, 101
181 *KoS
182 T 7, 91
183 Marlies Janz spricht von «gemachtem» Automatismus; Müller habe sich offenbar von Michel Foucaults Beschreibung von Velázquez' «Hoffräulein» inspirieren lassen (Marlies Janz: Der erblickte Blick. Kommentar zu Heiner Müllers *Bildbeschreibung.* In: Klussmann / Mohr 1990, 175)
184 KoS, 342
185 KoS, 342
186 T 8, 8
187 GI I,146
188 GI I, 182
189 T 7, 104
190 *KoS
191 Briefauskunft von Wolfgang Schuch, 1. März 1999
192 Schreiben des Leiters vom Henschelverlag, Mittelstädt, an die Kulturabteilung der SED vom 18. Februar 1983 (Verlagsarchiv Henschel Schauspiel)
193 Briefauskunft von Wolfgang Schuch, 1. März 1999
194 (KoS, 356)
195 T 6, 85
196 KoS, 344
197 *KoS
198 KoS, 351
199 W I, 261
200 «Frankfurter Rundschau», 25. Oktober 1995
201 Müller, Heiner: *Germania 3 Gespenster am Toten Mann.* Köln 1996, 81
202 Kalkfell, 19
203 «Süddeutsche Zeitung», 3. Januar 1996
204 «Die Zeit», 15. Dezember 1989

205 Stiftung Archiv der Akademie der Künste: Heiner-Müller-Archiv. Hg. von der Kulturstiftung der Länder in Verbindung mit der Akademie der Künste. Berlin 1998, 56

206 Stefan Reinecke: Melodrama ohne Geigen. In: «die tageszeitung», 30. Dezember 1996

ZEITTAFEL*

29. Januar 1929 Heiner Müller in Eppendorf/Sachsen geboren. Eltern: Kurt Müller (Verwaltungsangestellter), Ella Müller geb. Ruhland (Näherin)

1935–1941 Schulbesuch in Bräunsdorf und Waren/Mecklenburg

1944/45 Reichsarbeitsdienst

1945/46 Mitarbeiter des Landratsamts Waren. Danach Fortsetzung des Schulbesuchs

1947 Umzug nach Frankenberg/Sachsen

1948 Abitur. Danach Hilfsbibliothekar

1951 Flucht der Eltern in den Westen. Übersiedlung nach Berlin. Eheschließung mit Rosemarie Fritzsche. Geburt der Tochter Regine

1952 Aufenthalt in Frankenberg. Rückkehr nach Berlin. Journalistische Tätigkeit

1953 Mitglied des Deutschen Schriftstellerverbands (DSV). Publikationen in «Neue Deutsche Literatur». Ehescheidung und zweite Eheschließung mit Rosemarie Fritzsche

1955 Zweite Ehescheidung und Eheschließung mit Ingeborg Schwenkner

1956/57 Mitarbeiter für Dramatik der wissenschaftlichen Abteilung des DSV. *Zehn Tage, die die Welt erschütterten* (Volksbühne). Anerkennungspreis des Kulturministeriums

1957/58 Redakteur der Zeitschrift «Junge Kunst». *Der Lohndrücker/Die Korrektur* (Maxim-Gorki-Theater)

1958/59 Dramaturg am Maxim-Gorki-Theater. Heinrich-Mann-Preis der Akademie der Künste

1961 *Die Umsiedlerin oder Das Leben auf dem Lande* (Studentenbühne der Hochschule für Ökonomie Karlshorst). Ausschluß aus dem DSV

1962–1964 Arbeiten für Rundfunk, DEFA und Fernsehen

1966 Selbstmord Inge Müllers

1967 *Ödipus Tyrann* (Deutsches Theater)

1968 *Philoktet* (Residenztheater München)

1969 *Horizonte* (Volksbühne). *Drachenoper* (Deutsche Staatsoper)

1970 Eheschließung mit Ginka Tscholakowa

1970–1977 Dramaturg am Berliner Ensemble

1971 *Weiberkomödie* (Städtische Bühnen Magdeburg)

1972 *Macbeth* (Theater der Stadt Brandenburg)

1973 *Der Horatier* (Schillertheater). *Zement* (Berliner Ensemble)

1975 *Die Schlacht/Traktor* (Volksbühne). *Mauser* (Austin, University of Texas)

1977–1982 Dramaturg an der Volksbühne

1978 *Der Untergang des Egoisten Johann Fatzer* (Deutsches Schauspielhaus Hamburg). *Germania Tod in Berlin* (Kammerspiele München)

1979 *Leben Gundlings* (Schauspiel Frankfurt)

1980 *Der Bau* (Volksbühne). *Der Auftrag* (Volksbühne; Regie: Müller/Tscholakowa)

1981 Beginn der Freundschaft mit Margarita Broich

1982 *Quartett* (Schauspielhaus Bochum). *Der Auftrag* (Schauspielhaus Bochum; Regie: Heiner Mül-

* Neben ausgewählten biographischen Daten werden wichtige Inszenierungen, meist Uraufführungen, genannt

ler). *Macbeth* (Volksbühne; Regie Müller/Tscholakowa)

1983 *Verkommenes Ufer* (Schauspielhaus Bochum)

1985 *Anatomie Titus* (Schauspielhaus Bochum). *Bildbeschreibung* (Graz, Steirischer Herbst). Georg-Büchner-Preis

1986 Nationalpreis Erster Klasse der DDR. *Hamletmaschine* (Hamburger Schauspielhaus). Scheidung der Ehe mit Ginka Tscholakowa

1987–1991 Regisseur am Deutschen Theater: *Der Lohndrücker* (1988), *Hamlet/Maschine* (1990), *Mauser* (1991)

1988 *Wolokolamsker Chaussee* I–V (Bobigny, Maison de la Culture). Besuch bei Ernst Jünger

1990 Kleist-Preis

1990–1993 Präsident der Akademie der Künste Berlin (Ost)

1991 Europäischer Theaterpreis

1992 Eheschließung mit Brigitte Maria Mayer. *Krieg ohne Schlacht* (Verlag Kiepenheuer & Witsch). Geburt der Tochter Anna

1992–1995 Direktoriumsmitglied des Berliner Ensembles

1993 Richard Wagner: «Tristan und Isolde» (Bayreuther Festspiele; Regie: Heiner Müller)

1995 Künstlerischer Leiter des Berliner Ensembles

30. Dezember 1995 Heiner Müller in Berlin gestorben

1996 *Germania 3 Gespenster am Toten Mann* (Schauspielhaus Bochum; Berliner Ensemble)

Zeugnisse

Heinz Nahke
Umfangreiche und gründliche Kenntnisse der deutschen und ausländischen schöngeistigen Literatur und der marxistisch-leninistischen Literatur. Hat selbständiges Urteil und ist fähig, neue Ergebnisse zu erarbeiten. Während der politischen Ereignisse der letzten Monate (Ungarn, bestimmte Positionen polnischer Schriftsteller …) klare Position für die DDR, den Arbeiter- und Bauernstaat und die Partei. Marxistische Haltung.
1957

Heinz Kahlau
Ich bin der Meinung, der Mann ist echt verrückt.
1961

Wieland Herzfelde
Müller weiß jetzt nicht, was er tun soll: entweder in die Produktion gehen – oder Werbefilme für DEWAG und Konsumgenossenschaften machen. Ich finde, auch Landbriefträger wäre nicht das schlechteste.
1962

Peter Hacks
Es steht außer Zweifel, daß, falls in 100 Jahren noch von fünf heute lebenden Autoren die Rede sein sollte, Heiner Müller unter ihnen sein wird.
15. Februar 1974

Götz Loepelmann
Humphrey Bogart aus Sachsen. Oder DDR-Cheyenne, oder das Bleichgesicht von der Panke. […] Lacht er, werden seine Augen, sein Mund zu drei gleich großen Schlitzen, plötzliches China. Davor der blaue Weihrauch der Zigarre.
1987

Friedrich Dieckmann
Mit Kunst und Witz, der nie versiegenden Geistesgegenwart des Bonmots ist es ihm gelungen, einer leicht zu täuschenden Medienöffentlichkeit das Bild des ruchlosen Zynikers vorzuspiegeln, dem nichts heilig ist, nicht einmal der Gemeinsame Markt. In Wahrheit ist er ein Pathetiker – vielleicht der letzte des europäischen Theaters.
1991

Christa Wolf
Der Widerspruch der Zeit war nicht nur, wie er es manchmal darstellte, sein Arbeitsmaterial; er war Grundlage und Stachel seines Lebens.
1996

Volker Braun
Er war der Neuerer, auf den man Steine schmiß. Er hat die Steine vermauert in seinen Stücken, wie die Brocken der zersprengten Geschichte, die auf dem Boden bereitlagen.
1996

Thomas Brasch
Das wortlose Versprechen, einander nie die Fremdheit oder Würde anzutasten, hat ihn zum Glück nicht gehindert, schlecht über mich zu reden, und mich nicht verpflichtet, ihm zu glauben oder seine Stücke zu lesen, was mich unter sein gnadenloses Glücksrad hätte kommen lassen, das manchen talentierteren Theaterautor überrollt hatte.
1996

Stephan Hermlin
Der Staat, dem Müller nicht diente, der ihn aber auch aus diesem Grunde als eine ungewöhnliche Kraft zur Durchsetzung seiner ursprünglichen Ziele hätte behandeln müssen, hatte entschieden, sich ihn als Gegner zu wählen und ging auch daran zugrunde.
1996

Christoph Hein
Er starb an der von ihm immer beschriebenen Krankheit, am Krebs. Sein Krebs hieß Ekel; MEIN EKEL AM HEUTE UND HIER. Der Ekel hatte in den letzten Jahren Futter bekommen, reichlich, aber man hatte diesen auch vor der letzten Zeitenwende gemästet.
1996

Walter Jens
Auch diejenigen, die dieser Sprache fernstehen, sollen dankbar sein, einen großen Gegner vor sich zu haben und keinen der vielen kleinen Opportunisten, die heute in den Feuilletons ihr Unwesen treiben.
1996

Botho Strauß
Jene allseits verehrte Artaud-Brecht-Chimäre, die ihren heftigen Grabeshauch schon zu Lebzeiten über Land und Kunst dünstete; deren zynisches Frohlocken, deren menschenverächtliche Gesellschaftsbegriffe mit beifälligem Nicken, zuletzt mit allen Ehrenzeichen des Staatsdichters belohnt wurden. In ihm erkannte das häßliche, sich selbst hassende, ewig spät-expressionistische Deutschland seinen ungeniertesten Repräsentanten.
1997

Peter Hacks
Müller kann nichts, weiß nichts, ist nichts.
1998

Wolf Biermann
In meinen Augen ist er ein ganz großer Dichter. Gemessen an Brecht natürlich ein Zwerg, der von den Brosamen lebt, die von Brechts Tisch fallen, aber das tun wir alle. Ich hatte immer das Gefühl, daß wir zusammengehören, was das immer diffus bedeuten mag. Auch im Streit der Welt. Heiner war, egal ob wir ihn Spitzel nennen oder nicht, einer von uns.
1998

Ginka Tscholakowa
Er war ein großes Kind, das nicht erwachsen werden wollte.
1999

Bibliographie

1. Bibliographien

Schmidt, Ingo / Florian Vaßen: Bibliographie Heiner Müller. Bd. 1–2. Bielefeld 1993–1996

Buck, Theo / Nicolai Riedel: [Bibliographie Heiner Müller]. In: Kritisches Lexikon zur deutschsprachigen Gegenwartsliteratur, 55. Nachlieferung. München 1997

Bibliographie der Rundfunkarbeiten. In: «Theater der Zeit» 1997, Heft 1, S. XLVI-XLVIII

Schlichting, Hans Burkhard: Heiner Müller im Hörspiel (Typoskript)

2. Werk- und Einzelausgaben

Werke. Hg. von Frank Hörnigk. I: Die Gedichte. Hg. von Frank Hörnigk. Frankfurt a. M. 1998. II: Die Prosa. Hg. von Frank Hörnigk in Zusammenarbeit mit der Stiftung Archiv der Akademie der Künste, Berlin. Redaktionelle Mitarbeit: Kristin Schulz. Frankfurt a. M. 1999

Texte 1–11. Berlin 1974–1989:

Texte 1. Geschichten aus der Produktion 1. Stücke, Prosa, Gedichte, Protokolle. Berlin 1974 (= Rotbuch 108)

Texte 2. Geschichten aus der Produktion 2. Berlin 1974 (= Rotbuch 126)

Texte 3. Die Umsiedlerin oder Das Leben auf dem Lande. Berlin 1975 (= Rotbuch 134)

Texte 4. Theater-Arbeit. Berlin 1975 (= Rotbuch 142)

Texte 5. Germania Tod in Berlin. Berlin 1977 (= Rotbuch 176)

Texte 6. Mauser. Berlin 1978 (= Rotbuch 184)

Texte 7. Herzstück. Berlin 1983 (= Rotbuch 270)

Texte 8. Shakespeare Factory 1. Berlin 1985 (= Rotbuch 290)

Texte 9. Shakespeare Factory 2. Berlin 1989 (= Rotbuch 291)

Texte 10. Kopien 1. Berlin 1989 (= Rotbuch 336)

Texte 11. Kopien 2. Berlin 1989 (= Rotbuch 337)

Der Tod ist kein Geschäft. Hörspiel von Max Messer (d. i. Heiner Müller). Berlin 1962 (Bühnenmanuskript)

Zehn Tage die die Welt erschütterten. Szenen aus der Oktoberrevolution nach Aufzeichnungen John Reeds. Berlin 1967 (Bühnenmanuskript, gemeinsam mit Hagen Stahl)

Sophokles: Ödipus, Tyrann. Nach Hölderlin. Vorwort von Karl-Heinz Müller. Berlin – Weimar 1969

Klettwitzer Bericht 1958. Berlin 1970 (Bühnenmanuskript)

Die Schlacht. Traktor. Leben Gundlings Friedrich von Preußen Lessings Schlaf Traum Schrei. Mit einem Nachwort von Joachim Fiebach. Berlin 1977

Philoktet 1979. Drama mit Ballett (Entwurf). In: «Die Zeit» 53 / 1978, S. 33

Der Auftrag. Der Bau. Herakles 5. Todesanzeige. Hg. von Joachim Fiebach. Berlin 1981

Rotwelsch. Berlin 1982

Die Bauern (Die Umsiedlerin oder Das Leben auf dem Lande). Macbeth. Mit einem einleitenden Essay von Joachim Fiebach. Berlin 1984

Philoktet. Bildbeschreibung. Anatomie Titus Fall of Rome Ein Shakespearekommentar. Wolokolamsker Chaussee I und II. Hg. von Joachim Fiebach. Berlin 1987

Quartett. Weiberkomödie. Wie es euch gefällt. Verkommenes Ufer Medeamaterial. Landschaft mit Argonauten. Blut ist im Schuh oder Das Rätsel der Freiheit. Hg. und mit einem Essay von Joachim Fiebach. Berlin 1988

Revolutionsstücke. Hg. von Uwe Wittstock. Stuttgart 1988

Stücke. Hg. und mit einem Nachwort von Joachim Fiebach. Berlin 1988
Stücke. Texte über Deutschland (1957–1979). Hg. und mit einem Nachwort von Frank Hörnigk. Leipzig 1989
Ein Gespenst verläßt Europa. Fotografien von Sibylle Bergemann mit einem Nachwort von Peter Voigt. Köln 1990
Gedichte. Berlin 1992
Krieg ohne Schlacht. Leben in zwei Diktaturen. Köln 1992. Erweiterte Neuausgabe mit einem Dossier von Dokumenten des Ministeriums für Staatssicherheit der ehemaligen DDR. Köln 1994
Brecht, Bertolt: Der Untergang des Egoisten Johann Fatzer. Bühnenfassung von Heiner Müller. Frankfurt a. M. 1994
Drucksache 17. Heiner Müller: Philoktet. Ein Brief. Traumtext. Drei Faksimiles. Hg. von der Berliner Ensemble GmbH. Berlin 1995
Drucksache 20. Last Voyage / Krieg der Viren (1995). Aus einem Arbeitsbuch von Heiner Müller und Mark Lammert zu «Germania 3 – Gespenster am Toten Mann». Mit neun Photographien von Brigitte Maria Mayer. Hg. von der Berliner Ensemble GmbH. Berlin 1996
Germania 3 Gespenster am Toten Mann. Mit einem lexikalischen Anhang, zusammengestellt von Stephan Suschke. Köln 1996

3. Gespräche

«Ich bin ein Neger». Diskussion mit Heiner Müller. Zeichnungen von Eva-Maria Viebeg. Darmstadt 1986
Gesammelte Irrtümer [1]. Interviews und Gespräche. Frankfurt a. M. 1986
Gesammelte Irrtümer 2. Interviews und Gespräche. Hg. von Gregor Edelmann und Renate Ziemer. Frankfurt a. M. 1990
«Zur Lage der Nation». Heiner Müller im Interview mit Frank M. Raddatz. Berlin 1990
«Jenseits der Nation». Heiner Müller im Interview mit Frank M. Raddatz. Berlin 1991
Müller, Inge: Ich bin eh ich war. Gedichte. Blanche Kommerell im Gespräch mit Heiner Müller. Versuch einer Annäherung. Gießen 1992
Gesammelte Irrtümer 3. Texte und Gespräche. Frankfurt a. M. 1994
Kluge, Alexander / Heiner Müller: «Ich schulde der Welt einen Toten». Gespräche. Hamburg 1996
Kluge, Alexander / Heiner Müller: «Ich bin ein Landvermesser». Gespräche. Neue Folge. Hamburg 1996

4. Gesamtdarstellungen, Porträts, Dokumentationen, Sammelwerke

Arnold, Heinz Ludwig (Hg.): Heiner Müller. München 1982 (TEXT + KRITIK 73)
Arnold, Heinz Ludwig / Frauke Meyer-Gosau (Hg.): Literatur in der DDR. Rückblicke. München 1991 (TEXT + KRITIK, Sonderband)
Arnold, Heinz Ludwig (Hg.): Heiner Müller. 2. Auflage. Neufassung. München 1997 (TEXT + KRITIK 73)
Atkins, Robert / Martin Kane (Hg.): Retrospect and review. Aspects of the literature of the GDR 1976–1990. Amsterdam 1997 [mehrere Beiträge zu Heiner Müller]
Bauschinger, Sigrid / Susan L. Cocalis (Hg.): Vom Wort zum Bild. Das neue Theater in Deutschland und den USA. Bern 1992 [mehrere Beiträge zu Heiner Müller]
Biermann, Wolf: Die Müller-Maschine. In: «Der Spiegel», 8. Januar 1996, S. 154–161
Braun, Matthias: Drama um eine Komödie. Das Ensemble von SED und Staatssicherheit, FDJ und Ministerium für Kultur gegen Heiner

Müllers «Die Umsiedlerin oder Das Leben auf dem Lande» im Oktober 1961. Berlin 1995

Buck, Theo / Jean-Marie Valentin (Hg.): Heiner Müller- Rückblicke, Perspektiven. Vorträge des Pariser Kolloquiums 1993. Bern u.a. 1995

Buck, Theo: Heiner Müller. In: Kritisches Lexikon zur deutschsprachigen Gegenwartsliteratur, 55. Nachlieferung. München 1997, S. 1–14

Eichler, Andreas: Heiner Müllers Kindheit in Bräunsdorf. Interview mit Frau Gerta Vogel, geb. Müller [am 31. Januar 1996]. In: «Miriquidi. Kulturzeitschrift», Frühling 1996, S. 35–39

«Etudes Germaniques» 48 (1993), Heft 1 [sämtliche Beiträge zu Heiner Müller]

Fischer, Gerhard (Hg.): Contexts and history. A Collection of Essays from the Sidney German Studies Symposium 1994. Tübingen 1995

Franke, Konrad: Die Literatur der Deutschen Demokratischen Republik I/II. Frankfurt a. M. 1980 (Kindlers Literaturgeschichte der Gegenwart, Bd. 3–4)

Friebel, Alexander: «Ich werd' verrückt, der Miller Heiner». In: «die tageszeitung», 30. Dezember 1996

Gorek, Christine / Annett Gröschner (Redaktion): Dokumentation einer vorläufigen Erfahrung. Texte zum Werk Heiner Müllers. Berlin (Humboldt-Universität) [1991]

Hacks, Peter: Die Maßgaben der Kunst. Gesammelte Aufsätze. Düsseldorf 1977

Heiner Müller Material. Texte und Kommentare. Hg. von Frank Hörnigk. Leipzig 1988 (dass. Göttingen 1989)

Hörnigk, Frank / Martin Linzer / Frank M. Raddatz / Wolfgang Storch / Holger Teschke (Hg.): Ich Wer ist das Im Regen aus Vogelkot Im KALKFELL für Heiner Müller. Arbeitsbuch. Berlin 1996 («Theater der Zeit». Sonderheft Heiner Müller)

Klein, Christian (Hg.): Heiner Müller, la France et l'Europe. Actes du Colloque international organisé à Grenoble 6–7 novembre 1992. Grenoble 1993

Klussmann, Paul Gerhard / Heinrich Mohr (Hg.): Dialektik des Anfangs. Spiele des Lachens. Literaturpolitik in Bibliotheken. Über Texte von: Heiner Müller Franz Fühmann Stefan Heym. Bonn 1986 (Jahrbuch zur Literatur in der DDR 5)

Klussmann, Paul Gerhard / Heinrich Mohr in Verbindung mit **Gregor Laschen** (Hg.): Spiele und Spiegelungen von Schrecken und Tod. Zum Werk von Heiner Müller. Sonderband zum 60. Geburtstag des Dichters. Bonn 1990

Krug, Manfred: Abgehauen. Ein Mitschnitt und Ein Tagebuch. Düsseldorf 1996

Lehmann, Hans-Thies: Über Heiner Müllers Arbeit. In: «Merkur» 1996, Heft 567, S. 542–548

Der Lohndrücker. Dokumentation 2. Hg. von der Akademie der Künste der DDR. Gesamtleitung: Carena Schlewitt. Berlin 1988

Macbeth von Heiner Müller nach Shakespeare. Volksbühne Berlin 1982. Dokumentation von Lily Leder und Angela Kuberski. Berlin 1988

«Dieser Mann müßte einmal zum Psychator». Auszüge aus einem Spitzelprotokoll nach der Premiere von «Die Umsiedlerin», November 1961 in Karlshorst. In: «Wochenpost» Nr. 7, 11. Februar 1993

Mayer, Hans: Ein Deutscher auf Widerruf. Erinnerungen II. Frankfurt a. M. 1984

Mayer, Hans: Rede über Heiner Müller. In: «Theater heute» 1996, Sondernummer, S. 128–149

Müller, Inge: Irgendwo; noch einmal möcht ich sehn. Lyrik, Prosa, Tagebücher. Mit Beiträgen zu ihrem

Werk. Hg. von Ines Geipel. Berlin 1996
Pohl, Martin: «Napoleon ist ein Wald». Meine Erinnerungen an Heiner Müller. In: «Freitag», 31. Mai 1996
Profitlich, Ulrich (Hg.): Dramatik der DDR. Frankfurt a. M. 1989
Regie: Heiner Müller. Material zu «Der Lohndrücker» 1988, «Hamlet/Maschine» 1990, «Mauser» 1991 am Deutschen Theater Berlin, Hg. von Martin Linzer und Peter Ullrich mit Fotos von Sibylle Bergemann und Wolfhard Theile. Berlin 1993
Schmitt, Hans-Jürgen (Hg.): Die Literatur der DDR. München 1983 (Hansers Sozialgeschichte der deutschen Literatur vom 16. Jahrhundert bis zur Gegenwart. Hg. von Rolf Grimminger, Bd. 11)
Schulz, Genia: Heiner Müller. Stuttgart 1980 (= Sammlung Metzler, 197)
Schulz, Genia: Müller, Heiner. In: Metzlers Autoren Lexikon. Hg. von Bernd Lutz. Zweite, erweiterte Auflage. Stuttgart – Weimar 1994, S. 467–471
Schulz, Genia: Müller, Heiner. In: Neue Deutsche Biographie, Berlin 1997, Bd. 18, S. 403–405
Schwarzkopf, Oliver/Schütt, Hans-Dieter (Hg.): Heiner Müller 1929–1995. Bilder eines Lebens. Berlin 1996
Serke, Jürgen: Inge Müller: Die Wahrheit leise und unerträglich. In: Ders.: Zu Hause im Exil. Dichter, die eigenmächtig blieben in der DDR. München – Zürich 1998, S. 15–45
Spezial: Heiner Müller. In: «Theater der Zeit» 1997, Heft 1, S. I–XLVIII
Silberman, Marc: Heiner Müller. Amsterdam 1980
Stiftung Archiv der Akademie der Künste: Heiner-Müller-Archiv. Hg. von der Kulturstiftung der Länder in Verbindung mit der Akademie der Künste. Berlin 1998
Storch, Wolfgang (Hg.): Explosion of a Memory Heiner Müller DDR. Ein Arbeitsbuch. Berlin 1988
«Theater heute» 1996, Heft 2 [zahlreiche Beiträge von und über Heiner Müller]
Streisand, Marianne: Der Fall Heiner Müller. Dokumente zur «Umsiedlerin». In: «Sinn und Form» 1991, Heft 3, S. 429–434 (Chronik einer Ausgrenzung) und 435–486 (Protokolle, Gutachten, Briefe, Kommentare)
Tschapke, Reinhard: Heiner Müller. Berlin 1996
Heiner Müller: Wolokolamsker Chaussee I–V. Ein Materialbuch zusammengestellt und gestaltet von Gregor Edelmann und Grischa Meyer für das Gemeinschaftsprojekt theater im palast/Berliner Ensemble 1989. Berlin 1989
Wieghaus, Georg: Heiner Müller. München 1981
Wittstock, Uwe: Heiner Müller. In: Grimm, Gunter E./Frank Rainer Max (Hg.): Deutsche Dichter. Leben und Werk deutschsprachiger Autoren. Band 8: Gegenwart. Stuttgart 1990, S. 383–396

5. Monographien und Einzeluntersuchungen zum Werk

Baumbach, Gerda: Dramatische Poesie für Theater. Heiner Müllers «Bau» als Theatertext. Diss. Karl-Marx-Universität Leipzig 1977
Bernhardt, Rüdiger: Antikerezeption im Werk Heiner Müllers. Habil. Martin-Luther-Universität Halle–Wittenberg 1978
Bernhardt, Rüdiger: Die Welt als Schlachthaus. Zum Schaffen des Dichters Heiner Müller. Eine Einführung. In: «Moderna Sprak» 1994, Heft 1, S. 39–50

Domdey, Horst: Mythos als Phrase oder Die Sinnausstattung des Opfers. Henker- und Opfermasken in Texten Heiner Müllers. In: «Merkur» 40 (1986), Heft 5, S. 403–413
Domdey, Horst: «Ich lache über den Neger». Das Lachen des Siegers in Texten Heiner Müllers. In: Klussmann, Paul Gerhard / Heinrich Mohr (Hg.): Die Schuld der Worte. Bonn 1987, S. 220–234
Domdey, Horst: Mit Nietzsche gegen Utopieverlust. Zur «Hamletmaschine» und Heiner Müllers Rezeption in West und Ost. In: Glaeßner, Gert-Joachim (Hg.): Die DDR in der Ära Honecker. Politik – Kultur – Gesellschaft. Opladen 1988, S. 674–689
Domdey, Horst: Sinnstiftung. Zur Funktion des Grotesken in Texten Heiner Müllers. In: Dietrick, S. Linda u. a. (Hg.): Momentum dramaticum. Festschrift für Eckehard Catholy. Waterloo 1990, S. 535–552
Domdey, Horst: Writer's Block oder «Johannes im Drogenqualm». Heiner Müllers lyrischer Text «Mommsens Block». In: Knapp, Gerhard P. / Gerd Labroisse (Hg.): 1945–1995. Fünfzig Jahre deutschsprachige Literatur in Aspekten. Amsterdam – Atlanta 1995, S. 631–641
Eckardt, Thomas: Der Herold der Toten. Geschichte und Politik bei Heiner Müller. Frankfurt a. M. u. a. 1992
Eke, Norbert Otto: Heiner Müller. Apokalypse und Utopie. Paderborn 1989
Eke, Norbert Otto: «Der Neger schreibt ein anderes Alphabet». Anmerkungen zu Heiner Müllers dialektischem Denk-Spiel «Anatomie Titus». In: «Zeitschrift für deutsche Philologie» 1991, Heft 2, S. 294–315
Emmerich, Wolfgang: Orpheus in der DDR. Heiner Müllers Autorschaft. In: Grimm, Gunter E. (Hg.): Metamorphosen des Dichters. Das Rollenverständnis deutscher Schriftsteller vom Barock bis zur Gegenwart. Frankfurt a. M. 1992, S. 286–301
Fehervary, Helen: Der ‹gotische› Realismus der Anna Seghers und das Moment der Erlösung in Heiner Müllers ‹Die Umsiedlerin›. In: «Argonautenschiff». Jb. der Seghers-Gesellschaft, Bd. 5, 1996, S. 87–105
Fiebach, Joachim: Nach Brecht – von Brecht aus – von ihm fort? Heiner Müllers Texte seit den 70er Jahren. In: Heise, Wolfgang (Hg.): Brecht 88. Anregungen zum Dialog über die Vernunft am Jahrtausendende. Zweite erweiterte Auflage. Berlin 1989, S. 171–188
Fiebach, Joachim: Inseln der Unordnung. Fünf Versuche zu Heiner Müllers Theatertexten. Berlin 1990
Fuhrmann, Helmut: Warten auf «Geschichte». Der Dramatiker Heiner Müller. Würzburg 1997
Girshausen, Theo: Realismus und Utopie. Die frühen Stücke Heiner Müllers. Köln 1981
Greiner, Bernhard: Explosion einer Erinnerung in einer abgestorbenen dramatischen Struktur. Heiner Müllers «Shakespeare Factory». In: «Jahrbuch der Deutschen Shakespeare-Gesellschaft West» 1989, S. 88–112
Harich, Wolfgang: Der entlaufene Dingo, das vergessene Floß. Aus Anlaß der «Macbeth»-Bearbeitung von Heiner Müller. In: «Sinn und Form» 25 (1973), Heft 1, S. 189–218
Heise, Wolfgang: Beispiel einer Lessing-Rezeption: Heiner Müller. In: «Neue Deutsche Literatur» 37 (1989), Heft 1, S. 91–100
Herzinger, Richard: Die unio mystica der revolutionären Dynamik. Revolution als Lebensproduktion in Heiner Müllers «Mauser». In: Arnold, Heinz Ludwig (Hg.): MachtApparatLiteratur. Literatur und «Stalinismus». München 1990 (TEXT + KRITIK 108), S. 60–67

Herzinger, Richard: Masken der Lebensrevolution. Vitalistische Zivilisations- und Humanismuskritik in Texten Heiner Müllers. München 1992

Herzinger, Richard: Geisterbeschwörungen im deutschen Augenblick. Heiner Müllers Antiwestlertum und die Neue Rechte. In: «Sprache und Literatur in Wissenschaft und Unterricht» 1993, Heft 2, S. 73–85

Hinderer, Walter: Theater als Totenbeschwörung. Zu Heiner Müllers Revolutionsstücken «Mauser», «Die Hamletmaschine» und «Der Auftrag». In: Ders.: Arbeit an der Gegenwart. Zur deutschen Literatur nach 1945. Würzburg 1994, S. 327–360

Hörnigk, Frank: Zu Heiner Müllers Stück «Der Auftrag». In: «Weimarer Beiträge» 27 (1981), Heft 3, S. 114–131

Hörnigk, Frank: «Bau»-Stellen. Aspekte der Produktions- und Rezeptionsgeschichte eines dramatischen Entwurfs. In: «Zeitschrift für Germanistik» 6 (1985), Heft 1, S. 35–52

Hörnigk, Frank: Lektionen, die Vierte. Heiner Müller: «Germania Tod in Berlin». In: Deiritz, Karl / Hannes Krauss (Hg.): Verrat an der Kunst? Rückblicke auf die DDR-Literatur. Berlin 1993, S. 113–119

Hörnigk, Frank: Heiner Müllers «Endspiele». In: Atkins, Robert / Martin Kane (Hg.): Retrospect and review. Aspects of the literature of the GDR 1976–1990. Amsterdam 1997, S. 315–327

Jourdheuil, Jean: Heiner Müller. Bruxelles 1983 (Didascalies 7)

Kaufmann, Ulrich: «… mit Büchner fängt eigentlich die moderne Dramatik an». Heiner Müllers jahrzehntelange Auseinandersetzung mit Georg Büchner. In: Ders.: Dichter in «stehender Zeit». Studien zur Georg-Büchner-Rezeption in der DDR. Jena – Erlangen 1992, S. 66–89

Klein, Christian: Heiner Müller ou l'idiot de la république. Le dialogisme à la scène. Frankfurt a. M. u. a. 1992

Maier-Schaeffer, Francine: «Noch mehr Fragment als das Fragment». Zur Fragmentarisierung in Heiner Müllers Theaterarbeit. In: Turk, Horst / Jean-Marie Valentin (Hg.): Aspekte des politischen Theaters und Dramas von Calderón bis Georg Seidel. Bern 1996, S. 367–387 («Jahrbuch für Internationale Germanistik», Reihe A, Kongreßberichte, 40)

Mittenzwei, Werner: Die «exekutive Kritik» des Heiner Müller. Das Frühwerk. In: Berghahn, Klaus L. u. a. (Hg.): Responsibility and Commitment. Ethische Postulate der Kulturvermittlung. Festschrift für Jost Hermand. Frankfurt a. M. u. a. 1996, S. 193–207

Müller-Waldeck, Gunnar: Heiner Müller. In: Literatur der Deutschen Demokratischen Republik. Einzeldarstellungen von einem Autorenkollektiv unter Leitung von Hans Jürgen Geerdts und Mitarbeit von Heinz Neugebauer. Berlin 1979, Bd. 2, S. 212–228

Raddatz, Frank-Michael: Dämonen unterm Roten Stern. Zu Geschichtsphilosophie und Ästhetik Heiner Müllers. Stuttgart 1991

Schulz, Genia: Medea. Zu einem Motiv im Werk Heiner Müllers. In: Berger, Renate / Inge Stephan (Hg.): Weiblichkeit und Tod in der Literatur. Köln – Wien 1987, S. 241–264

Schulz, Genia: Heiner Müller: Der Auftrag. Erinnerung an eine Revolution. In: Dramen des 20. Jahrhunderts. Stuttgart 1996, Bd. 2, S. 222–238

Stillmark, Hans-Christian: Umbau einer Autorendisposition. Skizze zur Veränderung Heiner Müllers poetologischer Positionen in den 80er Jahren. In: «Wissenschaftliche Zeitschrift der Pädagogischen Hochschule Karl Liebknecht» 1988, Heft 2, S. 255–263

Stillmark, Hans-Christian: «Quartett», ein Vorspiel zur Revolution. Bemerkungen zu einem Stück Heiner Müllers. In: «Germanistisches Jahrbuch DDR-UVR» 1989, Bd. 8, S. 91–105

Stillmark, Hans Christian: Erfahrungen kann man nur kollektiv machen. Zu Heiner Müllers Lehrstück «Der Horatier». In: «Wissenschaftliche Zeitschrift der Brandenburgischen Landeshochschule» 1990, Heft 2, S. 331–340

Stillmark, Hans-Christian: Entscheidungen um und bei Heiner Müller. Bemerkungen zu «Wolokolamsker Chaussee III-V». In: «Germanistisches Jahrbuch DDR-Ungarn» 1990, Bd. 9, S. 52–62

Streisand, Marianne: Frühe Stücke Heiner Müllers. Werkanalysen im Kontext zeitgenössischer Rezeption. Diss. Zentralinstitut für Literaturgeschichte der Akademie der Wissenschaften der DDR. Berlin 1983

Streisand, Marianne: Theater der sozialen Phantasie und der geschichtlichen Erfahrung. In: «Sinn und Form» 35 (1983), Heft 5, S. 1058–1067

Streisand, Marianne: Heiner Müllers Die Umsiedlerin oder Das Leben auf dem Lande. Entstehung und Metamorphosen des Stückes. In: «Weimarer Beiträge» 32 (1986), Heft 8, S. 1358–1384

Streisand, Marianne: Heiner Müllers «Der Lohndrücker» – Zu verschiedenen Zeiten ein anderes Stück. In: Münz-Koenen, Inge (Hg.): Werke und Wirkungen. DDR-Literatur in der Diskussion. Leipzig 1987, S. 306–360

Streisand, Marianne: «Das Theater braucht den Widerstand der Literatur». Heiner Müllers Beitrag zu Veränderungen des Verständnisses von Theater in der DDR. In: «Weimarer Beiträge» 1988, Heft 7, S. 1156–1179

Streisand, Marianne: «Mein Platz, wenn mein Drama noch stattfinden würde, wäre auf beiden Seiten der Front, zwischen den Fronten, darüber». Über das Arbeitsprinzip der Gleichzeitigkeit bei Heiner Müller. In: «Weimarer Beiträge» 1991, Heft 4, S. 485–508

Streisand, Marianne: Erfahrungstransfer. Heiner Müllers «Die Umsiedlerin». In: «Der Deutschunterricht» 48 (1996), Heft 5, S. 18–28

Teraoka, Arlene Akiko: «Der Auftrag» und «Die Maßnahme». Models of revolution in Heiner Müller and Bertolt Brecht. In: «The German Quarterly» 1986, Heft 1, S. 65–84

Vaßen, Florian: Das Theater der schwarzen Rache. Grabbes «Gothland» zwischen Shakespeares «Titus Andronicus» und Heiner Müllers «Anatomie Titus Fall of Rome». In: «Grabbe-Jahrbuch» 11 (1992), S. 14–30

Wieghaus, Georg: Zwischen Auftrag und Verrat. Werk und Ästhetik Heiner Müllers. Bern – Frankfurt a. M. 1984

Namenregister

Die kursiv gesetzten Zahlen bezeichnen die Abbildungen

Über den Autor

Jan-Christoph Hauschild, Jg. 1955, Publizist, Ausstellungsmacher, Rezitator. 1980–1986 wissenschaftlicher Redakteur der Historisch-kritischen Heine-Ausgabe, danach Lehrbeauftragter am Germanistischen Seminar der Heinrich-Heine-Universität Düsseldorf. Seit 1984 Mitarbeiter des Heinrich-Heine-Instituts. Jüngste Veröffentlichungen: Heinrich Heine: «Roter König, Grüne Sau». Frivole Gedichte (Kiepenheuer & Witsch 1997), «Georg Büchner». Biographie (Ullstein 1997), «*Der Zweck des Lebens ist das Leben selbst.* Heinrich Heine». Biographie (Kiepenheuer & Witsch 1997, zusammen mit Michael Werner). Im Rowohlt-Taschenbuchverlag ist erschienen: «Georg Büchner» (rm 50503)

Danksagung

Mein Dank gilt all denen, die mich mit Auskünften und Leihgaben und/oder mit geduldiger Lektüre des Manuskripts und weiteren Hinweisen unterstützt haben: Manfred Ahnert, Frankenberg; Ursula A., Frankenberg; Dr. Rolf Barthel, Strausberg; Lothar Berthold, Eppendorf; Wolf Biermann, Hamburg; Dr. Siegfried Birkner, Berlin; Dr. Karlheinz Braun, Frankfurt; Margarita Broich, Berlin; Bernhild vom Bruck, Köln; Dr. Olaf Cless, Düsseldorf; Rolf Damisch, Frankenberg; Alexander Friebel, Eppendorf; Rosemarie Fritzsche; Katharina Gerschler, Bad Homburg; Martha Görner, München; Fritz Grabner, Berlin; Kerstin Grötsch, Düsseldorf; Günter Großer, Frankenberg; Gerhard Haase, Waren; Sabine Helk, Frankenberg; J. Kniesz, Stadtgeschichtliches Museum Waren; F.-W. Kruse, Waren; Günter Kunert, Kaisborstel; Paul Lange, Frankenberg; Ruth Langer, Meißen; **Andreas Leusink,** Berlin; Helge Malchow, Köln; Brigitte Maria Mayer, Berlin; Norbert Mischok, Köln; Dr. Dieter Müller, Frankfurt/Oder; Prof. Dr. Heinz Müller, Berlin; Christel und Wolfgang Müller, Schöneiche; Hans Polster, Jena; Stadtarchivarin Marion Rau, Frankenberg; Regine Richter, Leipzig; Ute Roßberg, Berlin; Heinz Rudolph, Frankenberg; Dipl.-Ing. Lothar Schreiter, Flöha; **Wolfgang Schuch**, Berlin; Bürgermeister Helmut Schulze, Eppendorf; Dr. Gabriele Seitz, Baden-Baden; Klaus Sünder, Oederan; Wolfgang Storch, Volterra; Hartwig Suhrbier, Frechen; Michael Töteberg, Hamburg; Christa und **B. K. Tragelehn**, Berlin; Ginka Tscholakowa, Berlin; Marion Victor, Frankfurt; Gerta Vogel, Bräunsdorf; **Hans-Jochen Vogel**, Chemnitz; Manfred Wünsche, Eppendorf.

Gedankt sei außerdem:
– der Stiftung Archiv der Akademie der Künste/Heiner Müller Archiv für die Erlaubnis, den Briefwechsel Heiner und Inge Müllers mit den Eltern in Reutlingen benutzen zu dürfen;
– dem HenschelSCHAUSPIEL Theaterverlag GmbH Berlin und dem Verlag der Autoren in Frankfurt a. M. für die großzügig gehandhabte Erlaubnis der Archivbenutzung;
– dem Verlag Kiepenheuer & Witsch für die Erlaubnis zur Einsichtnahme in die erste von Müller redigierte Typoskript-Fassung des Manuskripts von «Krieg ohne Schlacht».

Quellennachweis der Abbildungen

© Kurt Steinhausen, Köln: Umschlagvorderseite
Hamburger Theatersammlung/Archiv Rosemarie Clausen: Umschlagrückseite oben
Ullstein Bilderdienst, Berlin: Umschlagrückseite unten
Stiftung Archiv der Akademie der Künste, Heiner Müller-Archiv, Berlin: 3 (© George Peter Boultwood), 93, 100 (© Suhrkamp Verlag, Frankfurt am Main)
Deutsche Presse-Agentur, Hamburg: 7, 61 (Zentralbild/Quaschinsky), 114, 130 (Zentralbild/Hubert Linke)
© Lothar Berthold, Eppendorf/Sachsen: 12
Privatarchiv Hans-Jochen Vogel, Chemnitz: 13 (Foto: Elie Haertel, Limbach), 19 (Foto: privat), 21 (Foto: W. Lange, Oberfrohna), 24 (Foto: privat)
Foto Jan-Christoph Hauschild, Düsseldorf: 15
© Bildarchiv F.-W. Kruse, Waren (Müritz): 22
Privatarchiv Gerhard Haase, Waren (Müritz): 23
Privatarchiv Günter Großer, Frankenberg: 27
Privatarchiv Norbert Mischok, Köln: 28
Privatarchiv Hans Polster, Jena: 29
Privatarchiv Ute Rossberg, Berlin: 30
Privatarchiv Rosemarie Fritzsche: 33, 42 (Foto: Fritz Jost, Frankenberg)
Deutsches Historisches Museum, Berlin: 38 (P94/2423), 57 (ohne Neg.-Nr.)
© Eva Kemlein, Berlin: 46
Privatarchiv Bernd Müller, Kuhhorst: 51
Privatarchiv Brigitte Maria Mayer, Berlin: 55
© Sybille Bergemann, Berlin: 63
Privatarchiv B. K. Tragelehn, Berlin: 66
© Hans-Ludwig Böhme, Dresden: 70
© Roger Melis, Berlin: 75 links, 80
Privatarchiv Biermann, Hamburg: 75 rechts (Foto: Manfred Tripp)
Associated Press, Frankfurt am Main: 78
Aus: Ich Wer ist da Im Regen aus Vogelkot Im KALKFELL für Heiner Müller. Arbeitsbuch. Hg. v. Frank Hörnigk, Marin Linzer, Frank Raddatz, Wolfgang Storch und Holger Teschke. Berlin 1996: 82
© Maria Steinfeldt, Berlin: 85
Archiv der Volksbühne, Berlin: 86 (Foto: Harry Hirschfeld)
© David Baltzer/Zenit, Berlin: 91, 107
© Klaus Lefebvre, Ennepetal: 98
Verlag Kiepenheuer und Witsch, Köln 104
© Joseph Gallus Rittenberg, Berlin: 105
Archiv Verlag der Autoren, Frankfurt am Main: 109 (Foto: Mara Eggert, Frankfurt am Main), 113, 117
© Joachim Fieguth, Berlin: 115
Privatarchiv Margarita Broich, Berlin: 123 (Foto: Karin Rocholl)
© Karin Rocholl, Hamburg: 127, 136
© Bernd Uhlig, Berlin: 133, 134, 138